Mira Czutka | Out of Office

Mira Czutka

Out of Office

Als Managerin auf den Spuren des Franziskus

Das Pilgerbuch für den Weg nach innen

Kösel

*Die Fotos der Klöster hat die Autorin während
ihrer Pilgerreise aufgenommen.*

Mix
Produktgruppe aus vorbildlich bewirtschafteten
Wäldern und anderen kontrollierten Herkünften
www.fsc.org Zert.-Nr. SGS-COC-001940
© 1996 Forest Stewardship Council

Verlagsgruppe Random House FSC-DEU-0100
Das für dieses Buch verwendete FSC-zertifizierte Papier
Classic 95 liefert Stora Enso, Finnland.

PREIS GOTTES

Du bist heilig, einziger Herr und Gott, der du Wunder wirkst. Du bist stark. Du bist groß. Du bist der Höchste. Du bist der allmächtigste König, heiliger Vater du, König von Himmel und Erde. Du bist drei und einer, Herr und Gott, alles Gute. Du bist das Gute, alles Gute, höchstes Gute, Gott der Herr, lebendig und wahr. Du bist Hingabe, Liebe. Du bist Weisheit. Du bist Demut. Du bist Geduld. Du bist Sicherheit. Du bist Ruhigkeit. Du bist Freude und Befriedung. Du bist Gerechtigkeit und Mäßigung. Du bist aller Reichtum bis zur Sättigung.

Segne dich der Herr und behüte er dich. Zeige er dir sein Antlitz und erbarme sich dein. Wende er sein Gesicht dir zu und gebe dir Frieden.

Franziskus von Assisi

FÜR MEINEN VATER

INHALT

OUT OF OFFICE

~ DIE BEGEGNUNG MIT FRANZISKUS ~

Dieses Buch lädt ein, sich mit Franziskus und mir auf eine Reise zu begeben. Auf eine Pilgerreise durch Italien, die wichtige Stationen im Leben des Franziskus von Assisi (1181/1182–1226) streift – und auf eine Entdeckungsreise auf dem Weg zu sich selbst. Ich möchte dabei für uns heutige Menschen aufzeigen, wie unser Leben gelingen kann. Trotz aller Widersprüche, Ängste und vielem, was uns nicht gelingen wird.

Franziskus von Assisi ist mir besonders wichtig geworden in seiner Betonung dessen, was uns als Menschen trägt und woraus wir unseren Wert beziehen: Was bin ich – bin ich meine Erfolge, meine Beziehungen oder sogar meine Ängste? Was bin ich, tief drinnen in mir? Was in mir ist unzerstörbar durch äußere Wirkungen?

Das Leben des Franziskus ist mir zu einem Vorbild geworden, wie ein spirituelles Sein lebbar wird, dessen Wert nicht von Äußerlichkeiten und Haben bestimmt ist. Ein Dasein, in dem es möglich ist, sich immer schon als geliebt, angenommen und zutiefst wertvoll zu erleben, unabhängig von den Umständen des Lebens. Der wahre Friede und das wirkliche Wohlbefinden müssen unabhängig von äußeren Bestimmtheiten sein, damit sie dauerhaft in uns verankert sind. Franziskus lebte aus einem Geist der Armut. Heute interpretieren wir das vorrangig als eine unfreiwillige Form der Entbehrung. Für mich symbolisiert das Streben Franziskus' nach Armut vor allem die Hinwendung zur Einfachheit. Er verkörpert eine Lebensweise, in der es nicht nur darum geht, wenig zu besitzen, sondern vor allem darum, wenig zu wollen und wenig haben zu müssen. Das ist eine Armut im Geiste, die gerade durch Beschränkung reich macht. Es ist wie ein Raum, der, entleert von allem Überflüssigen, uns wieder Platz zum Atmen schenkt.

Eine bedingungslose Akzeptanz der Lebensumstände, wie sie gerade sind, ist eine fortwährende Aufgabe. Immer wieder stoßen wir auf innere Widerstände, auf Ablehnung und Auflehnung. Wir wollen uns nicht so einfach hineinbegeben in die Situation, wie sie gerade ist. Wir sind es gewohnt, mitzubestimmen und zu kontrollieren. Diese ständige Einflussnahme vermittelt uns das oberflächliche Gefühl, wir hielten unsere Geschicke in der Hand. Gleichzeitig strengt es uns aber auch unbändig an, immer alles nachprüfen zu müssen. In unseren Köpfen herrscht meist Hochbetrieb, wie auf einem belebten Bahnhof: Permanent schieben sich Gedanken hektisch in die eine oder andere Richtung und wir selbst gehen dabei verloren.

Mein Leben ist gut organisiert und meist habe ich mich gut im Griff! Ich hechte zur Arbeit, springe unentwegt von einer Besprechung in die nächste, lese nebenher noch die neuesten E-Mails und tätige die wichtigsten Telefonanrufe. Am Abend werden dann noch schnell auf dem Weg zum Fitnesscenter die Einkäufe erledigt. Auf der Fahrt rufe ich kurz noch meine Mutter an oder vereinbare einen Arzttermin, den ich schon länger vor mir herschiebe. Dass mit der Zeit meine Seele verarmt, bekomme ich oft nur dann mit, wenn ich nach innen blicke und bemerke, dass ich mich kaum noch selbst spüren kann. Mein Gefühlshaushalt ist im Minus und meist reichen meine Seeleneinkünfte dann nicht mehr aus, um mich wieder in die Balance zu bringen. Dann wird es Zeit, eine Auszeit zu nehmen. Wie gut, dass es im E-Mail-Programm eine Out-of-Office-Funktion gibt!

Seit Jahren gehe ich regelmäßig in meinen Ferien pilgern. Angefangen hat es mit dem Jakobsweg, den ich auf verschiedenen Wegen gegangen bin, erst in Spanien, dann auch in Deutschland und Frankreich. Ich selbst kann mich als »Pilger-Junkie« beschreiben: Wenn ich lange abstinent sein musste, beginne ich unruhig zu werden.

Als ich das erste Mal den Jakobsweg gegangen bin und nach zwei Monaten wieder zurück im Alltag war, habe ich festgestellt, was ich so erholsam am Pilgern finde: keine Organisation. Als Pilger stehe ich morgens auf, packe meine wenigen Sachen zusammen und gehe in Richtung meines Pilgerziels. Ich brauche mir keine Gedanken darüber zu machen, was ich heute anziehen soll, und muss nicht überlegen, was sonst noch zu tun ist. Ich kann einfach losgehen und es gibt kaum Entscheidungen, die getroffen werden müssen – außer vielleicht: Wann raste ich, wann esse ich? Meist ergibt sich aber auch das von selbst. Es taucht plötzlich eine schöne Wiese auf oder eine Bar; Menschen, die ich treffe, lassen mich meinen Schritt verlangsamen oder ein Regenguss beschleunigt ihn. Es gibt einfach nichts, was ich vorab organisieren kann und muss. Ich muss nur einfach auf das reagieren, was sich mir gerade zeigt – und wenn es die frische Blase an meinem Fuß ist.

Das Pilgern ist so ganz anders als mein »normales« Leben, in dem ich ständig mich selbst und andere Menschen organisiere, stets vorausschauend agiere und irgendwelche Probleme in den Griff bekommen muss. Dabei muss ich immer möglichst kompetent wirken. An einem ganz normalen Arbeitstag im Büro gesellen sich zu meinen eigenen Gedanken, Intentionen und Wünschen auch noch die der Kollegen, eines Projektverantwortlichen oder des Chefs. Gewürzt mit etwas Zeitdruck, einem gelegentlichen Unbehagen und der Sorge, es nicht gut genug hinzubekommen, schwirrt mir am Ende des Tages der Kopf und irgendwie habe ich mich in alldem verloren.

Das Pilgern bietet für mehrere Dinge einen guten Ansatzpunkt: Wer lernen kann, sein Leben als Pilgerschaft zu verstehen, der muss nicht stehen bleiben. Weder bei Erfolgen noch bei Niederlagen. Pilgern ist eine Einübung in das Weitergehen und somit auch in das Loslassen. Es schult den Geist, einfach zu werden. Es befreit aus den kleinen Abhängigkeiten und den Unfreiheiten, die unser Wesen verstellen und unsere Echtheit einschränken. Es gibt kein Bett mehr in der Herberge? Gut, dann muss ich wohl meine Matte im Flur ausrollen.

Pilgern heißt auch, die Welt bewusst als das Fremde zu erleben. Vielleicht kann ich lernen, dass ich mich nicht in ihr beheimaten muss, was mir hilft, mehr ich selbst zu bleiben. An einem Ort, an dem ich mich nicht niederlassen muss, kann ich auch vieles leichter akzeptieren, was meinen Vorstellungen nicht entsprechen mag. Dann kann ich einfach weitergehen und muss Menschen und Dinge nicht in meinem Sinn verändern.

Ich lade Sie nun zu einer Pilgerreise auf dem Franziskusweg ein. Der Franziskusweg ist ein 496 Kilometer langer Pilgerweg in Italien, der sich von La Verna bis nach Rom erstreckt. (Weitere Informationen zum Pilgerweg finden sich im Anhang dieses Buches.) Auf unserer Reise werden Sie ein Teilstück des Franziskuswegs im Valle Santa, dem Heiligen Tal bei Rieti, kennenlernen. Im Rieti-Tal bilden vier, eng mit Franziskus verbundene Klöster einen Weg, der wichtige Stationen im Leben des Heiligen sichtbar macht. Anhand der Pilgerkarten zu Beginn und am

Ende dieses Buches können Sie, liebe Leserinnen und Leser, den Streckenverlauf sowohl des gesamten Franziskusweges als auch des Abschnitts im Rieti-Tal nachverfolgen.

In diesem Buch können Sie mehr über Franziskus und den Franziskusweg erfahren, vielleicht bekommen Sie sogar Lust, ihn selbst einmal zu gehen. Es kann aber auch als »Reiseführer in innere Welten« verstanden werden. Deshalb gibt es, wie auf jedem gut ausgeschilderten Pilgerweg, auch in diesem Buch an den Schlüsselstellen Wegweiser. Sie zeigen die Verbindung zwischen den vier Klöstern, dem Leben des Franziskus und dem eigenen Pilgerweg nach innen auf. Denn die Grundhaltung des Pilgerns geschieht im Herzen und wir müssen nicht unsere Heimat verlassen, um unseren echten Ursprung zu finden.

Vom Suchen und Finden

~ Aufbruch I ~

Höchster, glorreicher Gott,
erleuchte die Finsternis meines Herzens
und schenke mir rechten Glauben,
gefestigte Hoffnung und vollendete Liebe.

Franziskus von Assisi, Gebet vor dem
Kreuzbild von San Damiano

Immer wieder treibt mich meine Sehnsucht dazu, das zu suchen, was in meinem Innersten nach Erfüllung ruft. Es ist die Sehnsucht nach dem, was mein Leben im Tiefsten meines Herzens bewegt. Beständig kann ich es spüren: etwas Namenloses, Unbewegtes, stetig Seiendes, das in mir auf meine ureigene Antwort wartet. Da ist so etwas wie eine leise Stimme, ein Säuseln, das ich dann vernehmen kann, wenn ich mir wieder selbst Zeit und Muße gönne. Ich kann dieses Rufen auch dann vernehmen, wenn ich mich selbst nicht mehr so gut spüre. Nur, dass ich den Ruf oft mit etwas anderem verwechsle.

Wenn ich das Alltägliche und die Art, wie ich auf die Dinge schaue, etwas beiseiteschiebe, bekomme ich eine Ahnung, dass überall und hinter allen Dingen noch eine tiefere Ebene auf mich wartet. Es ist das Dahinterschauen, das mich wieder ins Lot bringt. Es ist der suchende Blick, was wohl hinter und zwischen den Dingen ist, der mich nach Hause bringt – zu mir selbst.

Wenn wir schon morgens beim Frühstück das Brot nicht mehr schmecken, das wir gerade essen, sondern nur noch daran denken können, was heute alles zu tun ist, ist unser Kopf zwar voll, unser inneres Empfinden wird jedoch immer nichtiger. Wir leben heute in einer Welt, die uns scheinbar alle Möglichkeiten bietet. Wir haben Wohlstand erreicht und sind in der westlichen Hemisphäre zu weiten Teilen finanziell abgesichert. Dennoch fühlen sich viele Menschen innerlich leer und gehemmt. Anstatt Freiheit zu leben, scheint uns die große Freiheit der Wahl immer mehr niederzudrücken. Wir sehnen uns nach Leichtigkeit, nach einer Unbeschwertheit des Lebens, nach einem Lachen, das tief aus unseren Herzen aufsteigt.

Doch die Realität ist anders: Wir fürchten uns vor uns selbst, vor anderen Menschen, vor den Schlägen des Schicksals und meist auch vor Gott. Innerlich kauern wir in einer Ecke unseres Seins, häufig ängstlich und auf Schutz bedacht.

Als ich vor einigen Jahren auf einer spirituellen Reise in Südindien war, habe ich eine Art Waisenhaus besucht, das ein Jesuitenpater ins Leben gerufen hat, um Kindern aus den kastenlosen Schichten der indischen Gesellschaft zu helfen. Das Waisenhaus befand sich auf dem Gelände eines ehemaligen Konvents der Jesuiten, das in seiner subtropischen Verfallenheit einen großen Frieden ausstrahlte.

Von ihrer Betreuerin aufgefordert, brachten uns die Kinder ein Ständchen. Erst eins, dann noch eins und noch eins. Sie waren nicht zu bremsen. Aus ihren Gesichtern strahlten eine Freude und eine Begeisterung, die mich selbst nach Jahren noch berührt. Nach unseren westlichen Glücksmaßstäben hatten die Kinder wenig, was ihnen Grund gegeben hätte, diese Lebenslust auszustrahlen. Ihre Herkunft war die denkbar schlechteste, denn sie entstammten den »Tribals«, den Nachkommen der Ureinwohner der südindischen Berge, die nach indischen Bewertungen noch nicht einmal das Recht hatten, sich überhaupt dem Kastenwesen zuzuordnen, und lange Zeit unterdrückt worden waren. Heute noch leben sie vielfach in Reservaten in Südindien. Manche der Kinder waren krank, viele hatten ihre Eltern verloren oder die Eltern waren so extrem arm, dass sie ihren Kindern wenig hätten bieten können.

Die Freude aber und der aus dem Herzen kommende Gesang leuchteten aus ihren Augen. Die Gesichter erzählten voller Glanz von dem Glücksgefühl, am Leben zu sein. Im Vergleich mit den Bildern von westlichen Kindern, die ich in meinem Kopf hatte, stellte sich mir sofort die Frage: Was macht den Unterschied? Hier, in unserer westlichen Welt, leben Kinder, die scheinbar alles haben – vom Mobiltelefon bis zum elektrisch angetriebenen Minicar; dort, in Süd-indien, treffe ich Kinder, die in geflickten Kleidern herum-laufen und nur die pure Freude des Seins ihr Eigen nennen. Ich denke immer wieder an dieses Erlebnis, auch, um mich zu erinnern, dass es nur wenig bedarf, um glücklich zu sein.

Sehnsucht

Diese Sehnsucht nach der reinen Freude spüren viele Men-schen. Es ist eine Sehnsucht nach diesem glucksenden La-chen, das, aus unserem Bauch kommend, uns tief erfüllen kann, weil wir für kurze Zeit nur aus diesem Glucksen be-stehen. Wir sehnen uns nach innerer Losgelöstheit und da-nach, sorgenfrei leben zu können. Manche Menschen fan-gen an, Aktienpakete dafür zu schnüren, verbunden mit der Hoffnung, dass dies Sorgenfreiheit ermöglicht. Andere ar-beiten bis zur totalen Erschöpfung – im Glauben daran, dass eine frühzeitig errungene Rente die Möglichkeit praller Le-bensfreude schafft.

Triebfeder ist der Wunsch, dieses innerliche Ziehen der Seele nach etwas, das den Frieden im Herzen bringen kann, auszugleichen. Man kann versuchen, diese Unruhe im Inne-ren auf vielerlei Wegen zu stillen: über Beziehungen, über das Vorankommen im Beruf, über Essen und Trinken. Das hilft aber meist nur kurze Zeit. Beziehungen verändern sich, manchmal verändern sich auch die Menschen, die in Bezie-hung sind, oder die Art und Weise, wie man aufeinander reagiert. Dem Fortschreiten im Beruf steht ein neuer Kollege im Weg oder man erkennt selbst die eigenen Begrenzungen. Essen, Trinken, Urlaube können kurzfristig helfen, und dies auf sehr angenehme Weise.

Die Sehnsucht aber bleibt. Leise, stetig und zart drängend. Leicht kann man sie überhören. Dennoch ist sie da, und sobald der innere Geräuschpegel absinkt, meldet sich die sanfte Stimme im Inneren wieder. Die jüdische Lyrikerin Nelly Sachs hat einmal geschrieben: »Es muss doch mehr als alles geben.« Über allem muss doch noch etwas sein, etwas, das Sinn und Frieden gibt. Immer wieder hören Menschen diesen Ruf, leise, eindringlich und dauerhaft. Sie machen sich auf – im doppelten Sinn des Wortes: losgehen und sich öffnen. Wir suchen an den verschiedensten Orten, das Wesentliche aber ist in uns zu finden. In uns und in der Stille.

Wenn wir innerlich und äußerlich in die Stille gehen, kann uns das Schweigen einen neuen Ton erschließen. Es ist wie ein süßes Brummen, ein sanftes Rauschen, ein stiller Ruf. Dadurch, dass wir uns an diesem inneren Kompass ausrichten, kann sich uns eine neue Richtung, ein neuer Weg auftun. In uns geschieht Öffnung und wir gehen über uns selbst hinaus. Die meisten von uns sehnen sich nach dieser Unbegrenztheit. Diese Sehnsucht ist ein grundlegendes spirituelles Bedürfnis, seit Menschen existieren und in allen Kulturen. Es ist zuerst da. Dann erst kommen die Regeln, die Vorstellungen, die Gebote und Verbote der Religionen. Zuerst sind immer die Sehnsucht des Menschen und der Wunsch, darauf eine Antwort zu finden, da. Zuerst ist Gott da und dann die Priester.

Viele von uns wünschen, geborgen zu sein in etwas Größerem, ohne sich dabei aufgeben zu müssen. Dort warten Friede und Schutz. Aber auch frischer Wind und wohlige Wärme. Wie kommen wir dorthin?

Fremdling sein

Pilgerschaft kann ein Urbild des Glaubens und des Lebens sein. Die Haltung des Pilgers kann uns helfen, einzuüben, dass wir immer wieder bereit werden, uns aus Vertrautem zu lösen und in das Fremde und Neue zu ziehen. Wir können lernen, den Verheißungen Gottes zu vertrauen, die in den Sehnsüchten unseres Herzens aufscheinen. Wir streben mehr und mehr unserer wahren Heimat zu, in der wir wahrhaft wir selbst sein können. Dann werden wir einfach und brauchen die vielen Dinge immer weniger.

Unser heutiges Wort »Pilger« leitet sich vom althochdeutschen *piligrim* ab, das sich im englischen Sprachgebrauch als *pilgrim* erhalten hat. Wörtlich genau ist der Pilger einer, der *per agrum* (lat.), »über den Acker«, also durch das Land in die Fremde geht. Der *peregrinus* (lat.) war zunächst einmal nur der »Fremde«, der aus seiner angestammten Umgebung aufbrach oder aufbrechen musste. Erst im Mittelalter bekam das Wort die Bedeutung, dass ein Pilger ein Mensch ist, der zu heiligen Stätten unterwegs ist und dem Schutz und »heilige« Gastfreundschaft zustehen.

Dieses Fremdsein in der Welt ist für viele Menschen heute eine Grunderfahrung. Es ist die Auflösung der Bezogenheiten, sei es in der Familie, deren gefügte Strukturen sich immer mehr in einem Patchwork verlieren, oder im Beruf, wo sich familiäre Formen des Zusammenarbeitens im Zuge der Globalisierung zu virtuellen, anonymen und schnell wechselnden Teams verändern. Der Einzelne erfährt sich mehr und mehr nur noch als Rädchen, das funktionieren muss. Heimat ist für viele die eigene Wohnung und immer weniger der Lebensraum einer größeren, miteinander durch Tradition und Kultur verbundenen Gemeinschaft.

Fremd sein, unbekannt sein, sich der Unsicherheit des Unbekannten aussetzen; Gewohntes bietet nicht mehr die

Sicherheit und der Mensch ist sich selbst ausgesetzt. Im Inneren regt sich Ungewissheit und man ist gespannt aufmerksam. Auch dadurch prägen sich Erlebnisse und Begegnungen stärker als üblich ein. Die Fremdheit ist spürbar, aber auch der Reiz, der darin liegt.

Das I Ging, ein jahrtausendealtes chinesisches Orakelbuch, empfiehlt, in gleicher Weise dem Leben zu begegnen. Unter dem Zeichen *Lü,* »der Wanderer«, regt das I Ging an, sich wie ein Reisender in einem fremden Land zu verhalten. Ein Fremder tut weise daran, nicht arrogant oder überheblich aufzutreten. Beim Reisen in einem unbekannten Land verhält man sich vorsichtig und reserviert, man schaut genau, mit wem man sich einlässt, und zeigt sich tolerant und großzügig gegenüber vermeintlichen Fehlern der anderen. Man ist von anderen und von deren Gastfreundschaft abhängig, und man ist sich dessen bewusst. Was wesentlich ist, ist, sich dem Göttlichen anzuvertrauen und sich davon getragen zu wissen, Bescheidenheit und Zurückhaltung zu üben und gleichsam offen zu sein für die Begegnung mit anderen Lebewesen.

Fremdling zu sein bedeutet, auf dem Weg durch ein unbekanntes Land zu sein, vergleichbar mit unserem Leben. Denn wir sind auf dem Lebensweg ohne zu wissen, was auf uns zukommen mag. Am besten kommen wir zurecht, wenn wir offen, annahmebereit und freundlich gestimmt sind. Wenn – egal, was uns passiert – der Glaube an ein gutes Ergebnis für unsere Seele bestehen bleibt und wir nicht dauerhaft an den Umständen verzweifeln, so hart sie auch sein mögen. Pilgern zu gehen kann dafür ein Übungsfeld bieten.

Pilgern heißt auch, das loszulassen, was uns umtreibt und quält, indem wir unser gewohntes Umfeld, auch mit seinen Annehmlichkeiten, verlassen. Durch die Reduktion auf das Gehen üben wir uns darin ein, falsche Bedürfnisse und Wünsche zu erkennen und auch davon Abschied zu nehmen. Bestenfalls erfahren wir, was wir wirklich brauchen, was wesentlich für unser Leben und unsere Zufriedenheit ist. Pilgern heißt lernen, durchzuhalten, auch wenn die Umstände beschwerlich werden und der Weg mühsam ist. Pilger lernen das Fasten, denn nicht immer gibt es etwas zu essen, wenn man Hunger hat, und Pilger üben das Schweigen. Beides kann uns verändern. Letztlich ist es ein Einüben in die Einfachheit. Wir lernen, dass es wenig braucht, um in uns glücklich zu sein.

Im Thomasevangelium findet sich der Spruch Jesu: »Werdet Vorübergehende!« Das heißt: nicht festhalten, was ist, nicht haften an dem, was wir haben. Aufbrechen können, jederzeit und mit leichtem Herzen. Vertrauen in Gott und das Leben haben. Einfach so, weil wir hier sind und irgendwann auch wieder gehen müssen. Warum fangen wir nicht gleich heute an, das zu trainieren?

Der Kontakt mit dem Göttlichen, mit dem, was uns trägt, kann uns im tiefen Inneren verwandeln. Im Lukasevangelium findet sich die Stelle: »Was für Menschen unmöglich ist, ist für Gott möglich« (Lk 18,27). Pilgern als Modell für das Leben und als Modell des Fremdseins in der Welt kann uns ein Üben ermöglichen, dass wir uns dem, was von uns nicht machbar ist, stellen. Es ist ein täglicher Ausdruck des Annehmens und des Vertrauens, das wir üben sollten. Dabei verbinden wir uns mit dem, der möglich macht, was uns nicht gelingt. Dort sind der Friede des Herzens und die Zufriedenheit der Seele. Es ist an uns, dorthin aufzubrechen.

Aufbruch

Im Alten Testament lesen wir, dass das Volk Israel aus Ägypten in das Gelobte Land auszieht. Die Menschen gehen weg von den Fleischtöpfen Ägyptens, von den Abhängigkeiten, die einerseits ihr Leben einfach zu machen scheinen, auf der anderen Seite aber auch Unterordnung bedeuten. Durch ihren Auszug aus Ägypten geben sie vermeintliche Sicherheiten auf, um zu einer Geborgenheit zu kommen, die auf Selbstverwirklichung und Freiheit gründet. Franziskus von Assisi ist ebenfalls aufgebrochen aus dem Schutz eines wohlhabenden Umfelds. Er ist Jesus gefolgt in der tiefen Überzeugung, dass wir nichts außer der Liebe Gottes brauchen, um ein erfülltes Leben zu leben. Das Reich Gottes ist inwendig in uns. Nirgendwo sonst. Wenn wir dieses vielleicht für uns neue Territorium begehen, werden wir einige Zäune und vielleicht auch einige unordentliche Gebiete passieren müssen. An manchen Stellen wächst das Unkraut zu hoch, an anderen bedeckt eine unansehnliche Asphaltdecke den Boden.

Gottes Liebe aber ist wie die Natur, an einer dünnen Stelle bricht sie durch den stärksten Beton. An irgendeinem Tag können wir dann das frische Grün entdecken, wie es den Straßenbelag aufsprengt und mit mächtiger Kraft ans Licht wächst. Wenn wir der Versuchung widerstehen, das zarte Pflänzchen gleich wieder auszurupfen, kann eine neue Wiese in uns entstehen. Dazu müssen wir nur lernen, das frische Pflänzchen, wo es sich uns zeigt, anzunehmen und zu lieben.

Mit unserer Beziehung zu Gott müssen wir genauso verfahren. Wo Gott uns die Hand entgegenstreckt, in einem Wort, in einem Zeichen, in einem Menschen, können wir lernen, Vertrauen zu entwickeln. Aus dem Vertrauen kann Liebe erwachsen, und umgekehrt. Dann erfüllt sich, was

Paulus in seinem Brief an die Römer geschrieben hat: »Bei denen, die ihn lieben, führt Gott alles zum Guten« (Röm 8,28). Das muss nicht heißen, dass immer alles glattgeht in unserem Leben. Auch hierfür ist Franziskus ein gutes Beispiel. Aber gelingendes Leben zeigt sich nicht in dem, was ich vorweisen kann, sondern in dem unbegrenzten Raum, den ich im Inneren zur Verfügung habe.

Denn Menschen können zwar alles erreichen und alles haben, aber ihr Inneres kann wie ein Gefängnis sein. Sie können dann weder sich noch andere Menschen annehmen, nie ist ihnen etwas genug und die Sorge ist ihr ständiger Begleiter. Manche entwickeln Praktiken, das nicht zu sehr zu spüren. Die Zahl der Alkoholkranken, Essgestörten und Depressiven ist in unserer Wohlstandsgesellschaft hoch, und dabei werden nur die Fälle gezählt, die auffällig sind. Davor gibt es viele Stadien der Unzufriedenheit und viele Menschen, die sich darin finden lassen.

Heute entdecken wir mehr und mehr, dass ein gedeihliches Leben auch Zugänge zu tieferen Ebenen zulassen und ermöglichen muss. Genauso wie immer schon Menschen an Schicksalsschlägen, Krankheiten oder an sich selbst verzweifelten, rettet uns unser modernes Leben nicht davor, uns mit den existenziellen Themen unseres Lebens, des Daseins an sich auseinanderzusetzen.

Eine neuere Definition von Spiritualität sagt, dass es um die Verbundenheit und Beziehung zu einem den Menschen übersteigenden, letztgültigen Geistigen, um etwas Heiliges geht, das für viele Menschen das Göttliche ist. Aber ebenso geht es auch um die Beziehung zum Mitmenschen und zur Natur. Franziskus kann für unseren eigenen Weg dabei eine Hilfe sein – ganz im Sinne einer Weisung, die Gott Abraham gab: »Geh vor mir her und werde ganz!«

WEGWEISER I

*Das Kloster San Giacomo in Poggio Bustone ist das ers-
te Kloster im Rieti-Tal, auf das man trifft, wenn man
von Assisi gewandert kommt. Dieser Ort steht für Franziskus' Rückzug in die Stille und auch für das Ringen
um seinen eigenen richtigen Weg.*

*Für unseren spirituellen Weg kann Poggio Bustone ein
Synonym für das Schweigen sein. In der inneren Stille
wartet Gott immer schon auf uns. Wir können ihm nur
begegnen, wenn wir ihn genau dort, im Zwischenraum
der Gedanken, erwarten.*

*Auf dem Weg zur Quelle in uns können wir unseren Dä-
monen begegnen. Manchmal ist das ein zähneflet-
schendes Ungeheuer und manchmal sind es lediglich
kleine verhuschte Schreckgespenster. Wenn wir uns ihnen stellen, verlieren sie ihre Macht über uns.*

VOM RÜCKZUG IN DIE STILLE

~ POGGIO BUSTONE ~

Deus meus et omnia.
Mein Gott und alle Dinge.

Franziskus von Assisi

Das Kloster San Giacomo liegt auf einer Aussichtsterrasse oberhalb von Poggio Bustone. Von drei Seiten jeweils von Wald umschlossen, öffnet es sich auf seiner Hauptseite dem Besucher. Das Kloster gehörte zur Zeit Franziskus' den Benediktinern von Farfa, die Franziskus und seinen Gefährten eine Einsiedelei oberhalb des Klostergeländes zur Verfügung stellten.

Franziskus ist Verbindender, nicht nur der Christen untereinander, sondern auch anderer Religionen. Ich habe gelesen, dass Angehörige anderer Konfessionen sofort die Heiligkeit von Franziskus verstehen – seine gelebte Bescheidenheit, seine Verbundenheit mit dem ganzen Universum, mit der Natur, der belebten, aber auch der unbelebten. Seine Tatkraft, wenn es darum ging, mitmenschlich zu denken und zu handeln. Franziskus als Ideal. Dabei ist er aber zutiefst menschlich und in seiner inneren Zerrissenheit sehr heutig.

Die Gemeinschaft der »Minderbrüder«, wie die Franziskaner sich selbst nannten, bestand am Anfang aus nur wenigen Gefährten. In Assisi selbst nicht ernst genommen und verspottet, macht sich Franziskus mit sieben Gefährten auf den Weg. Auf den Weg vollständiger Armut in der Nachfolge Christi. Christus, der sich, obwohl Gottes Sohn, nicht zum Herrscher aufschwang, sondern der Diener der Armen und Entrechteten ist. Er war selbst besitzlos, doch reich an seiner Beziehung zu Gott. Jesus Christus als Lebensvorbild. Und wie anders erlebte Franziskus wohl die Kirche seiner Zeit?

Geboren als Sohn des angesehenen und reichen Tuchhändlers Pietro Bernardone, wurde er auf den Namen Giovanni getauft. Nach dem Wunsch des Vaters sollte er das väterliche Geschäft übernehmen und für die Steigerung des familiären Ansehens sorgen. Quellen sprechen davon, dass seine Mutter aus Südfrankreich stammte und er deshalb Francesco, »kleiner Franzose«, gerufen wurde. Man vermutet auch, dass seine Mutter von der südfranzösischen Reformbewegung der Albigenser, auch Katharer genannt, beeinflusst war, einer Armutsbewegung, die vehement von der katholischen Kirche verfolgt wurde und deren Anhänger auf den Scheiterhaufen der päpstlichen Inquisition verbrannten.

Die Kirche, die sich in weiten Teilen von den Grundidealen eines Jesus Christus entfernt hatte und zu einem Machtapparat geworden war, schuf selbst die Voraussetzungen ihrer Gegenbewegungen im Mittelalter. Kirchliche Posten wurden meistbietend verkauft. Kirchliche Macht war verbunden mit politischer Einflussnahme.

Franziskus, als junger Mensch auf der Suche nach Ehre und Ruhm, meldet sich freiwillig für den Kriegszug Assisis gegen die Nachbarstadt Perugia. Nachdem Assisi die Schlacht verloren hat, gerät Franziskus in Kriegsgefangenschaft und kehrt erst nach einem Jahr schwer krank wieder nach Hause zurück. Sein Vater hatte ein entsprechendes Lösegeld bezahlt. Als er wieder gesund ist, flammt noch einmal der Wunsch in ihm auf, auf einem Kreuzzug nach Apulien als Ritter Anerkennung und Ruhm zu erlangen. Doch schon bei Spoleto kehrt er aufgrund eines Traumes um und beginnt sein Leben zu verändern.

Dämonen

Heute haben wir unsere Schwierigkeiten mit dem Begriff Dämonen. Aber eigentlich kennen wir sie doch nur zu gut. Immer wenn ich in meinem Leben eine Veränderung vornehmen will – sei es, dass ich umziehe, meinen Job wechsle oder verreise –, immer wieder beschleichen mich nach der wochenlangen Vorfreude dieses Grummeln im Magen und der leise Zweifel, ob das jetzt wohl das Richtige ist. Mittlerweile habe ich gelernt, dass das für mich einfach dazugehört, und ich lasse mich davon nicht mehr so beirren. Dennoch trübt es jedes Mal aufs Neue die fröhliche Erwartung, die ich ja so gerne uneingeschränkt empfinden würde.

Doch da tauchen kleine Schreckgespenster auf, keine bösartigen Dämonen, sondern kleine, unerwachsene Zipfelzieher, die an meinem Rock hängen und anfangen zu quengeln: »Muss das jetzt wirklich sein? Daheim ist es doch so schön, schau, wie gerade der Kirschbaum blüht« – »Das war doch insgesamt ganz in Ordnung so, wie es war. Muss das denn nun wirklich verändert werden?« – »Wer weiß, was da auf uns zukommt«. So geht das die ganze Zeit, und erst wenn ich meine Vorhaben ganz umgesetzt habe, bestätigen die kleinen Ungeheuer die Richtigkeit meiner Entscheidung im Brustton der Überzeugung: »Siehst du, haben wir doch gleich gesagt!« Aber zumindest haben sie es geschafft, mir den Glanz meiner Vorfreuden zu schmälern.

In unserem Kopf und in unserem Herzen tummelt sich eine Schar solcher Wesen, die uns unser Leben ganz schön schwer machen können. Viele sind Überbleibsel aus unseren Kindertagen, als uns Tante Anni immer ermahnte, wir sollten nicht so frech sein, und Opa Karl immer wieder betonte: »Vögel, die morgens singen, holt abends die Katz!« Diese Wesen sind immer noch da, auch wenn wir Tante Anni längst vergessen haben und Opa Karl bereits seit Jahren begraben ist. Sie sind da mit ihren Mahnungen und Besserwissereien. Als Kinder lernen wir schnell und nehmen alles auf, was uns begegnet. Unsere Seele ist noch wie Wachs und alle Eindrücke prägen sich in ihr nur allzu leicht ein. Das wird wie ein »Model«, also eine Form unseres Lebens.

Später dann kämpfen wir mit den Stimmen in unserem Kopf, mit Tante Annis erhobenem Zeigefinger und zucken oft schon zusammen, bevor wir uns überhaupt bewegt haben. Unser Innenleben ist wie ein Wartesaal mit ungeduldigen Reisenden, die sofort aufspringen, sobald sie nur die Vermutung haben, dass ihr Zug einfährt. Oft fehlen uns leider die imponierende Kappe des Bahnhofsvorstehers und seine Respekt heischende Trillerpfeife.

Zurück zum Pilgerweg: Eine kurze Wanderstrecke vom Kloster San Giacomo entfernt, befindet sich eine Höhle, in der Franziskus und seine Gefährten eine Zeit lang lebten. Der schmale Weg dorthin führt stetig bergan, vorbei an sechs kleinen Kapellen, die die Wunder, die Franziskus hier gewirkt haben soll, darstellen. Eine Kapelle soll den Fußabdruck des Teufels auf einem Stein zeigen, den der Dämon bei seinem Versuch, Franziskus in Versuchung zu führen, hinterlassen hat. Eine andere Kapelle beherbergt den Stein, in dem sich, so heißt es, die Kapuze des Heiligen eingeprägt hat, nachdem dieser, müde geworden, seinen Kopf zum Schlafen daraufgelegt hatte. Aber nur mit etwas Fantasie kann man die verschiedenen Abdrücke der Teufel und Engel und des Heiligen aus dem Stein herauslesen.

Früher, als es noch keine Psychotherapie und somit auch keine Erklärungsmodelle gab, stellten diese in Stein geprägten Beweise eine Möglichkeit dar, die eigenen Bewegungen der Seele zumindest zu erfassen und ein wenig besser zu verstehen. Wenn wir einen Namen und ein Bild von etwas besitzen, können wir es begreifen und bearbeiten. Den Menschen des Mittelalters war Franziskus ein Vorbild dafür, dass es eine Handhabe gibt, sich den Dämonen der Seele zu stellen und sie zu besiegen. Heute sagt uns vielleicht unser Psychotherapeut, wie wir unsere tiefe Angst vor Spinnen oder Nacktschnecken in den Griff bekommen können.

Es ist unsere Aufgabe, unsere Dämonen und Schreckgespenster zu erkennen und zu begreifen, dass sie von Opa Karl und nicht von Gott kommen. Gott ist gütig. Und er kann uns helfen, sie zu vertreiben.

Franziskus

Franziskus ist einer der bekanntesten katholischen Heiligen, der über die katholische Kirche hinaus auch in anderen religiösen Traditionen große Wertschätzung erfährt. Geboren in einer Zeit großer Umbrüche, dunkler wie auch äußerst lichter Phasen, war er es, der die Armutsbewegung des Mittelalters in kirchliche Strukturen einbetten konnte. Dies war jedoch auch verbunden mit dem Preis, dass die meisten seiner radikalen Erneuerungsbewegungen schon kurz vor und nach seinem Tod abgeschwächt wurden, damit sie in die machtorientierte Kirche des Mittelalters eingefügt werden konnten.

Die Zeit, in die Franziskus hineingeboren wurde, ist von unserer heutigen Zeit gar nicht so weit entfernt, wie wir oft glauben. Der entstehende europäische Handel und der damit verbundene wachsende Wohlstand führten zu einem

Streit um die Vormachtstellung zwischen Kirche, Adel und dem selbstbewusst werdenden Bürgertum. Der Apostolische Stuhl versuchte seinen Einfluss in Umbrien auszudehnen, was aber bei dem auf Einfluss und Macht bedachten Bürgertum Assisis auf Widerstand stieß. Geldgeschäfte, die eigentlich sowohl von der Kirche als auch dem Staat verboten waren, mehrten dabei zugleich auch die Macht und den Reichtum der Kirche, was zu einer Häufung kirchlicher Reformbewegungen führte.

Der Drang der Kirche nach Macht, politischem Einfluss und Geld fand seine Gegenposition in den zahlreichen Armutsbewegungen des Mittelalters, die sich an einem Leben gemäß dem Evangelium orientierten. Zu diesen Reformen zählten dabei sowohl solche, die sich innerhalb der kirchlichen Strukturen ausbildeten, aber auch jene, die von Wanderpredigern oder Laien ins Leben gerufen wurden.

Franziskus war stark beeinflusst von der Bewegung der Katharer, die, wie bereits erwähnt, zu den größten Konkurrenten der katholischen Kirche zählte und in der umbrischen Heimat Franziskus' viele Anhänger hatte. Besonders seine Vorstellung von einer beseelten Natur und den Rückbezug auf ein einfaches, heiligendes Leben hat Franziskus von den Katharern entlehnt.

Warum beschäftige ich mich mit Franziskus? Warum mit einem katholischen Heiligen, wo mir doch die katholische Kirche immer wieder schwer annehmbar scheint? Es ist Franziskus, der mich anspricht. Dies am meisten in seiner Betonung des urmenschlichen Wertes als Gottes Kind, das, um sich vollständig zu fühlen, nichts als die Gewissheit seiner Herkunft in Gott braucht. Wenn ich mir als Mensch dieser Abstammung bewusst bin, kann ich nackt und bar sein, aber mich dennoch geliebt und wertvoll fühlen. Es ist diese Konzentration auf das innere Sein, das nichts Äußeres benötigt, um sich ganz und angenommen zu fühlen. Und es ist das Wissen, dass mit Franziskus ein Mensch gelebt hat, der in sich zerrissen war und dennoch »gottverwirklicht« wurde.

Wahres Sein

Ich spüre für mich, dass es genau das ist, was mir oft fehlt: die tief empfundene Gewissheit, dass ich geliebt und wert zu leben bin. Und dass ich dafür nichts brauche – keinen großen Wagen, keine internationale Karriere, keine Vorzeigefamilie, keinen absolvierten Triathlon. Ich brauche nur mich und die Erkenntnis, dass ich in Gott frei bin, ich und ganz ich selbst zu sein. Jedoch ist der Weg, dieses Bewusstsein dann auch im täglichen Leben zu verankern, ein lang andauernder und zum Teil langsamer Prozess. Eine Geschichte über Franziskus kommt mir in den Sinn, die ich besonders mag:

***

Franziskus ruft eines Tages seinen Sekretär, Bruder Leo, zu sich und sagt: »Bruder Leo, schreibe!«

Bruder Leo antwortet: »Ja, ich bin bereit.«

»Schreibe«, weist Franziskus ihn an, »was die wahre Freude ist:

Es kommt ein Bote von Paris und sagt, dass alle Professoren von Paris zum Orden gekommen sind. Halte fest: Das ist nicht die wahre Freude!

Alle Prälaten von jenseits der Alpen, die Erzbischöfe und Bischöfe, zudem der König von Frankreich und der König von England haben sich dem Orden angeschlossen. Schreibe: Nicht die wahre Freude! Außerdem, dass meine Brüder zu den Ungläubigen gezogen sind und sie alle zum Glauben bekehrt haben; gleichermaßen, dass ich so große Gnade von Gott erfahren habe, dass ich die Kranken heilen und unzählige Wunder wirken kann. In alldem besteht nicht die wahre Freude. Was ist dann die wahre Freude?

Ich kehre von Perugia zurück, es ist tiefe Nacht und Winterzeit. Schlammig ist es und bitterkalt, so kalt, dass der Saum meiner Kutte gefroren ist und die dicken Eisklunker des Saumes mir gegen die Beine schlagen, sodass aus meiner wunden Haut das Blut fließt. Verdreckt, verkühlt, verschmutzt und vereist komme ich an die Pforte des Klosters und nach langem Rufen und Klopfen erst kommt ein Bruder und fragt: ›Wer ist da?‹

Ich antworte: ›Bruder Franziskus!‹

Und er erwidert: ›Hau ab! Das ist keine gehörige Zeit, um umherzugehen. Hier kommst du nicht herein.‹

Als ich darauf bestehe, eingelassen zu werden, antwortet er: ›Hau ab! Du bist ein Einfaltspinsel und Dummkopf. Du brauchst es gar nicht mehr versuchen, zu uns kommst du nicht mehr herein. Wir sind so zahlreich und so gut, dass wir dich nicht mehr brauchen.‹

Erneut stehe ich vor der Pforte und sage: ›Um der Liebe Gottes willen, nehmt mich wenigstens für diese Nacht auf!‹ Er aber antwortet: ›Nein! Geh zum Ort der Kreuzträger und bitte da um Einlass!‹

Wenn ich dann noch Geduld habe und mich nicht aufrege – darin bestehen die wahre Freude und die wahre Tugend und das Seelenheil.«

* * *

Der Segensspruch der franziskanischen Gemeinschaft, der sich von Franziskus ableitet, heißt: *Pace et Bene!* – »Friede und Wohlbefinden!« Das ist ein Grund mehr, warum ich mich mit Franziskus verbunden fühle. Der wahre Friede und das wahre Wohlbefinden müssen unabhängig vom Äußeren sein, sonst sind sie nicht echt. Gerade diese tiefe innere Akzeptanz der Lebensumstände, so, wie sie gerade sind, ist eine immerwährende Lebensaufgabe. Immer wieder stoßen wir auf unsere innere Auflehnung und Ablehnung, da wir uns gar nicht so gering machen wollen. Wir wollen mittun, mitbestimmen, häufig auch kontrollieren. Der Hintergrund dafür ist allzu oft ein mangelnder Selbstwert. Wir glauben nicht daran, dass wir bekommen, was wir uns ersehnen. Wir denken, wir müssten kämpfen; und wenn wir dann alles so haben, wie wir es uns vorstellen, so glauben wir, dass die Welt und wir selbst in Ordnung sind. Dann meinen wir, den inneren Frieden und das Glück, das wir uns erträumen, gefunden zu haben.

Dabei übersehen wir nur zu gerne, dass viele Menschen von außen alles zu haben scheinen und dennoch sehr unglücklich sind. Innere Zufriedenheit und Friede ermessen sich nicht an dem, was wir haben, sondern an dem, wie wir innerlich sind.

Damit man sich so gering wie Franziskus machen kann, braucht es einen beständigen, tief verankerten Selbstwert, der sich unabhängig macht von Umständen, Ereignissen und Menschen. Erst wenn man ganz dort ist, ist dauerhafter Friede im Herzen möglich. Dazu braucht es aber auch die stetige Bereitschaft, den Weg dorthin zu gehen, egal, wie beschwerlich er gerade ist. Sich kleinmachen zu können, gerade weil man sich nicht großmachen muss.

Ein neuer Tag

Auch wenn wir heute oft meinen, dass sich unsere Welt so grundlegend von den Zeiten früherer Jahrhunderte unterscheidet, kann man das hauptsächlich von den technologischen Errungenschaften sagen. Die Grundbedingungen menschlicher Existenz indessen sind unverändert geblie-

ben, wenn auch manches heute durch das moderne Sozial-
wesen abgemildert erscheint. Das aber, wogegen sich Jesus
und in seiner Folge auch Franziskus wandten, besteht immer noch. Denn statt einer in Liebe und Frieden lebenden
Gemeinschaft, in der man sich wie in einer paradiesischen
Welt umsorgt, versinken wir genauso in Leid und Chaos wie
die Menschen früherer Jahrhunderte.

Zwischen den Kreuzzügen des Mittelalters, den Men-
schenopfern der Frühzeit und den Verbrechen, die sich
Menschen im Namen einer Religion oder eines Staates antun, gibt es nur geringe Unterschiede. Das Ungeheuerliche
ist die Unsäglichkeit der Menge. Nie zuvor haben sich mehr
Menschen gegenseitig angefeindet, verfolgt und umge-
bracht, und die größten Genozide bis heute fanden im letzten Jahrhundert statt.

Franziskus, der seine Zeit wahrscheinlich ähnlich materiell ausgerichtet erlebte wie wir unsere heutige, wollte der
Herrschaft des Geldes die Güte und Liebe Gottes entgegen-
setzen. Das war und ist die Botschaft Jesu und der Evangeli-
en, auf die sich Franziskus bezog. Herrschaft des Geldes
meint nicht nur das permanente Drehen um Finanzen und
Gewinne, um Maximierung und Profite. Damit gemeint ist
auch die Konzentration auf Leistung, auf das Mehr-Können,
auf den Wettbewerb – nach dem Motto: »Hast du was, so
bist du was.« Und wenn du nichts hast, so kannst du auch
gar nichts sein.

Wir haben eine Welt gebaut, die das Funktionieren und
das Machen in den Mittelpunkt stellt. Im Gegensatz zu Liebe und Lust. Wir richten unsere Welt, im Einzelnen wie im
Ganzen, nicht auf unser Herz aus, auf das, was uns guttut
und Freude bereitet, sondern auf Bewertung und Macht.
Unser Lebensstil macht uns krank, aber wir verdrängen das.
Anzeichen sind unspezifische Kopfschmerzen, permanente

Rückenschmerzen, nicht enden wollende Müdigkeit. Entweder wir selbst oder unsere Familien und Freunde leiden unter unserem Rückzug. Die Schutzräume des Privaten schrumpfen zusammen und mit ihnen unsere Seele.

Im Psalm 18 heißt es: »Du gibst meinen Schritten weiten Raum, dass meine Knöchel nicht wanken.« Unser Wunsch ist es, innerlich frei zu sein, ausschreiten zu können in unserem Tempo, die Welt zu durchmessen ohne Begrenzung. Alle unsere Grenzen sind in uns. Wir haben unsere Knöchel in Netzen verfangen. Klein und mutlos ist unser Gehen. Was macht unsere Seele weit wie den Himmel und schrankenlos?

Tief in unserem Inneren haben wir eine Ahnung davon behalten, wie das sein könnte, in der Mitte Gottes zu leben, dem eigenen Rhythmus und dem der Natur zu folgen, einen fließenden Übergang zwischen Arbeit und Freizeit zu gestalten. Platz zu haben für Freunde, Familie und die eigene Seele, weiten Raum, der uns Möglichkeiten und Zufriedenheit schenkt.

Samen

In der Haltung des Pilgerns zu sein, kann durch die ständige Bewegung und das Erleben der Fremdheit in einer unbekannten Landschaft zu einer erhöhten Aufmerksamkeit führen. Die Sinne werden geschärft, die Seele blüht auf. Ähnliche Tagesabläufe führen zu einem vertieften Erleben, sodass Details und Besonderheiten viel stärkere Aufmerksamkeit erhalten. Selbst körperliches Leiden und zähe Märsche tragen einen wichtigen Teil dazu bei, sich mehr mit sich selbst zu beschäftigen, was in der Folge zu gestärkter Wahrnehmung führt. Vorausgesetzt, man ist offen für diese Auseinandersetzung mit sich selbst. Das Gehen ermöglicht, dass ein Samen sich einnisten kann in uns, in unserer Seele: der Samen des Wachsens und des Gedeihens. Das ist keine Garantie für starke, wetterfeste Bäume, aber es ist eine Chance, unser inneres Land urbar zu machen. Der kalte Ostwind kann dennoch über die Bäume hinwegfegen, und einige, vielleicht auch viele, werden dabei knicken. Unter Umständen überlebt kein einziger. Aber ihr Wachsen und ihr Sterben nähren unseren inneren Boden. Vielleicht können dann Buschwindröschen sprießen.

Irgendwie gehen wir stets davon aus, dass nur ein gelingendes, gesundes Leben ein erfolgreiches Leben ist. Was aber ist dann mit den unzählig gelebten Leben, die gescheitert sind? Sind sie alle wertlos?

Vor vielen Jahren habe ich die Biografie von Treya Wilber, der Frau von Ken Wilber, einem führenden Bewusstseinsphilosophen unserer Zeit, gelesen. In ihrem gemeinsamen Buch »Mut und Gnade« beschreibt Ken Wilber, wie Treya kurz nach der Hochzeit an Brustkrebs erkrankte. Die nächsten Jahre sind geprägt vom Kampf gegen die Krankheit. Treya und ihr Mann besuchen sämtliche Koryphäen der Alternativ- und Standardmedizin, um den Krebs zu besiegen. Letztlich lernen sie, dem Tod ins Gesicht zu sehen und gemeinsam in ihrer Liebe zueinander zu reifen.

Bis zu diesem Zeitpunkt war ich erfüllt vom Glauben an die Machbarkeit des eigenen Geistes und die Kraft des positiven Denkens. Kurz gefasst lautete meine Lebenseinstellung in etwa: »Wenn man richtig denkt, fleißig meditiert, sich richtig ernährt und offen ist für alternative Heilmethoden, dann ist man gerettet!«

Treya erliegt dem Krebs. Aber ihr Tagebuch ist ein Zeugnis dafür, wie in der Zeit des Leidens ihre Seele gewachsen und gereift ist. Zwar ist ihr Körper vergangen, aber wer von uns weiß, ob nicht ihre Seele genau diese Prozesse angestoßen hat, um sich daran zu entwickeln und in die Weite zu wachsen, von der die Psalmen sprechen: Herr, mach meine Seele weit.

Jesus und Franziskus sind, rein äußerlich betrachtet, auch gescheitert. Jesus wurde, kaum 30-jährig, ans Kreuz geschlagen. Franziskus starb halb blind und ausgezehrt mit Mitte 40. Aber gerade ihr Leben ist für Christen eine Wegweisung, dass das Leben Scheitern mit einschließt. Gerade im Scheitern liegt die Möglichkeit der Auferstehung. Dafür, um diesen Trost anzunehmen, müssen wir nicht gestorben sein.

Aufbrechen

Vor vielen Jahren war ich wegen einer unglücklichen Liebesgeschichte besonders verzweifelt. Ich war voller Schmerz und zu nichts mehr fähig, außer heulend auf meinem Badezimmerboden zu liegen. Hoffnungslos hämmerte ich mit den Fäusten auf den Fliesenboden ein. Das Weinen und der Schmerz wollten einfach nicht aufhören. Mein Liebeskummer brannte in der Speiseröhre und mein Kopf tat weh von den vielen Tränen, die ich vergossen hatte. Mir war, als fiele ich in ein nicht enden wollendes, unsagbar tiefes und schwarzes Loch. Gleichzeitig hatte ich große Angst vor diesem Fall, der mich immer tiefer in meine eigene Unfähigkeit zu schleudern schien.

Auf dem tiefsten Grund der Verzweiflung kehrte Ruhe ein. Plötzlich war alles in mir still und sanft. Das Brennen des Schmerzes war einem ruhigen Annehmen gewichen. Ich konnte eine große stille Kraft spüren, die sich in mir ausgebreitet hatte. Der Augenblick war voller Schönheit und Frieden, so, als wäre ich angekommen in meinem wahren Zuhause. Diese Kraft wirkt immer noch in mir. Immer ist ein

Keim davon vorhanden. Der Samen sagt mir, dass ich geborgen bin und dass ich immer wieder Frieden finden kann tief in mir.

Manchmal liegt gerade im Schmerz die Erlösung. So wie bei jemandem, der sich verlaufen hat, irgendwann die Wut und die Schmähung nachlassen und eine tiefe innere Ruhe des Annehmens sich einstellen kann.

Aufbrechen ist auch ein Aufbruch im Sinne von: etwas Geschlossenes öffnet sich und eine neue Sicht ist möglich. Das kann ein schmaler Spalt sein, durch den ich nun in die Öffnung hineinblicken und plötzlich etwas ganz Neues sehen kann, etwas niemals zuvor Wahrgenommenes. Es kann aber auch wie ein Lichtspalt sein, der mir im Inneren Erleuchtung bringt. Dunkle Ecken sind auf einmal hell. Ich sehe den Staub, den Erfahrungen hinterlassen haben, und ich kann einen Besen nehmen und sauber machen. Auskehren sozusagen, kehren vielleicht auch im Sinn von »Umkehren«.

Diese Öffnung kann Bereitschaft schaffen für Neues, für Wachsen und Reifen. Sie kann aber auch bedeuten, dass etwas auseinanderbricht. Beziehungen erscheinen mir in einem anderen Licht und sind mir nicht mehr wichtig oder ich erkenne, dass sie nicht mehr zu mir passen. Wichtige Ziele und Annahmen verlieren ihre Bedeutung und eine Neuausrichtung ist gefordert. Vielleicht stehe ich aber auch vor einem Scherbenberg, den ich anfänglich voller Verzweiflung und Ohnmacht anschaue. Aufbruch heißt auch Bruch. Etwas geht zu Ende, geht kaputt, stirbt.

Die Hauptsache ist die Ausrichtung, die Intention, mit der ich im Leben unterwegs bin. So kann Veränderung geschehen und der Heilige Geist kann bewirken, dass mein Leben neue Kreise zieht. Wunden heilen, neue Perspektiven eröffnen sich.

Am Rand stehen

Was mich immer wieder beim Lesen der Bibel überrascht, ist, dass gerade Jesus den Standesgesellschaften seiner Zeit eine gelebte Gemeinschaft von Brüdern und Schwestern entgegengestellt hat. Er wollte damit nicht sagen: »Ich bin besser als du«, sondern: »Wir sind gleich, trotz unserer Unterschiede«. Er verkehrte mit den Randgruppen der jüdisch-römischen Gesellschaft, mit Zöllnern, Frauen, Armen, Huren, Kranken, Unreinen, Aussätzigen und Besessenen. Seine Hinwendung zu den Disqualifizierten und Randgruppen ließ grundlegende Leistungsmerkmale der Gesellschaft seiner Zeit außer Acht, und Jesus setzte dem die Liebe Gottes und sein Reich, das jedem offen steht, entgegen. Wir müssen nichts haben und wir müssen nichts sein, um leben zu dürfen. Wir leben in der Gnade Gottes, weil er uns immer liebt.

Das Reich Gottes war für Jesus nicht nur bloße Idee, sondern eine konkrete, weltumstürzende Wirklichkeit, die eine ungeheure ethische Energie entwickelte. Jesus setzt eine Liebesforderung, damit wir wie Gott lieben, verzeihen und barmherzig sind. Gott ist gütig und indem wir uns ihm darin annähern, verändern wir uns und unser Verhalten zur Welt. Gottes Liebe ist mit allen, auch mit den Randfiguren, den Disqualifizierten, den Verlierern. Und weil das so ist, müssen wir gar nichts leisten, um Gottes Liebe, Gottes Schutz und seine Zuwendung zu erfahren. Sie sind uns bereits als Geburtsrecht gegeben.

Immer wieder verspricht uns Gott in den heiligen Schriften des Erdballs, dass wir ihm ein Wohlgefallen sind, dass wir ihm teuer und wertvoll sind, dass er uns liebt. Er errettet uns vor den Feinden, besonders vor denen, die wir uns selbst sind. Wenn wir nur still würden und vertrauen könnten! Aber in uns nagen immer wieder der Zweifel und die

Angst, wir wären für immer verloren. Doch ein stetes Ziehen in unserem Herzen weist uns den Weg. So wie wir heute leben, muss es nicht bleiben. Wenn wir mutig werden, können wir darauf bauen, dass Gott uns ein neues Leben macht. Was wir dafür tun müssen, ist, bewusst und bereit zu werden, Entscheidungen für uns zu treffen. Das ist nicht leicht und der Weg dorthin ist mühselig. Aber wenn wir bereit sind, reicht uns Gott seine Hand.

Für uns Menschen ist es aber oft ein mühevolles Ringen, diese Liebe in uns spürbar werden zu lassen. Nicht, dass Gott uns nicht jederzeit in unserer Gänze liebte, nein, wir können weder uns noch Gott jederzeit lieben, da wir stets Bedingungen daran knüpfen. »Wenn ich …« ist ein Satz, der in unseren Köpfen zu großen Raum einnimmt. Wir denken, wenn wir dieses und jenes erreicht, gewonnen, erledigt haben, dann werden wir glücklich, sorglos und in Frieden sein. Das Gegenteil bewahrheitet sich nur allzu oft. Dabei sehnen wir uns so sehr nach Rastplätzen in unserem Leben. Ruhige Orte des Inneren, an denen wir verschnaufen und rasten können. Wo es nichts zu tun gibt, außer in Leichtigkeit zu sein!

Ich ertappe mich immer wieder dabei, dass ich mein Wohlgefühl davon abhängig mache, wie gerecht oder ungerecht ich mich behandelt fühle. Sitze ich am richtigen Tisch oder hat der Kellner mich an den vermeintlichen Katzentisch gesetzt? Hören mir meine Bekannten mit Begeisterung zu oder erwische ich sie dabei, wie sie auf die Uhr schauen? Entsprechend gut oder nicht gut geht es mir. Eigentlich aber ist das für meine innere Zufriedenheit nicht wesentlich. Würden wir uns jederzeit wichtig, geliebt und angenommen fühlen, benötigten wir viel weniger Aufmerksamkeit von irgendwelchen Menschen, die meist schnell wieder aus unserem Leben verschwinden.

Jesus und Franziskus wollten beide einen gesellschaftlichen Gegenentwurf realisieren. Eine Gesellschaft, die in sich verankert hat, dass alle gleich sind vor Gott, dass Gott jeden Einzelnen tief und innig liebt, egal, was er oder sie dafür schon getan hat. Auch wenn wir diese Botschaft des von Gott Geliebtseins vielleicht schon oft gehört haben, in unseren Herzen kommt das meist nur zögerlich an. Tief in unserem Inneren glauben wir nicht an unser Geburtsrecht des Geliebtwerdens durch Gott, sondern wir strengen uns an, damit wir irgendwann einmal genug Verdienste geleistet haben, um bedingungslos geliebt zu werden.

Natürlich hat das mit unseren frühen Erfahrungen in der Kindheit zu tun und mit einer Erziehung, die uns Liebe zuteilte, wenn wir artig, fleißig, lustig oder brav waren. Viel zu oft prägen unsere Elternbilder auch unser Bild von Gott. War unser Vater streng und distanziert, vermuten wir einen ähnlichen Charakterzug bei Gott, war unsere Mutter uns zugewandt und nachgiebig, versuchen wir, diese Haltung auch bei Gott wiederzufinden. Unsere Leistungsprägung sorgt dafür, dass wir funktionieren wollen, und oft erwarten wir Gleiches von unseren Mitmenschen und von Gott.

Liebe aber ist der Gegenentwurf zu Leistung. Liebe ist langmütig, sie fordert nichts, sie eifert nicht, aber sie schenkt. Viel zu oft lernen Menschen, dass sie Liebe nicht umsonst bekommen. Wenn wir aber in der Tiefe erwachsen werden wollen, kommen wir nicht umhin, beides wieder voneinander zu trennen.

Rückzug und Schweigen

Rückzug und Schweigen sind die Mittel, mit denen sich Franziskus Gott zu nähern versucht. Er zieht sich zeit seines Lebens in Höhlen zurück oder sucht leer stehende Kirchen auf, um »mit ganzem Leib« zu beten. In allen spirituellen Traditionen finden sich Formen der geistigen Schulung wie Alleinsein, Schweigen, innere Einkehr und stetige Wiederholung. All das sind Wege zu Gott.

Wie zu jeder Zeit braucht das Heilige, das Tiefe, innere Zugänge. Gott – oder wie auch immer wir das All-Eine benennen, das das Zentrale unserer Welt ist – taucht nicht plötzlich auf und sagt: »Hier bin ich!« Vielmehr ist es unsere Bereitschaft, zu hören und in die Tiefe zu lauschen, die uns in kostbaren Stunden eine Ahnung dessen gibt, was uns alle umfasst. Das Göttliche ist immer da, aber wir sind nicht immer im Göttlichen. Überhaupt sind wir »Normalen« es eher selten. Franziskus hingegen hatte Jesus immer im Sinn, egal, was er gerade tat, und meist verbarg er dann sein Antlitz.

Als sich Franziskus in Poggio Bustone aufhält, sucht er die Antwort auf die Frage nach seiner Zukunft und der seiner sich entwickelnden Gemeinschaft. Franziskus und auch Klara, die sich ihm als erste Frau und unter großem Widerstand ihrer Familie angeschlossen hat, ziehen sich immer wieder, besonders in wegentscheidenden Situationen, in die Einsamkeit und in die Natur zurück, um göttliche Weisung zu erfahren. In der Stille konnten sie die Antworten und Gott finden. Und in der Stille ist er auch heute noch. Nicht nur dort – aber um Freundschaft mit ihm zu schließen, ist die Stille ein guter Ort.

Die Wolke des Nichtwissens

In unserem ständig plappernden Kopf aber finden wir kaum ein stilles Eck. Gedanken rauschen darin wie Eilzüge aneinander vorbei. Wir sind diese Massenaufläufe im Inneren so sehr gewohnt, dass wir, werden wir mit der Stille konfrontiert, erschrecken, wie wenig wir unseren eigenen Geist unter Kontrolle haben. Diese Erkenntnis ist immer und in allen Traditionen der erste Schritt, um den eigenen Kopf aufzuräumen und zur Ruhe zu bringen. Das geht nicht über Nacht, sondern ist Übungssache.

Als ich vor Jahren begonnen habe zu meditieren, hatte ich die irrige Vorstellung, irgendwann dieses Laufband der Gedanken zum Stillstand zu bringen. Jedem, der mit einer kontemplativen Übung beginnt, muss ich die Hoffnung nehmen, dass Gedanken irgendwann vollständig aufhören. Es gibt Momente, da gelingen eine starke Verlangsamung und eine innere Haltung des Gleichmutes ihnen gegenüber, was sie fast zum Verschwinden bringt. Aber sie dauerhaft zu verbannen, funktioniert nicht.

Aus dem Mittelalter hat sich eine christliche Anweisung zur Meditation erhalten: *Die Wolke des Nichtwissens.* Die Herkunft dieser Schrift liegt größtenteils im Dunkeln. Man geht davon aus, dass sie im englischen Sprachraum als Anleitung zur Kontemplation für einen Laienbruder geschrieben worden ist. Aber auch hier finden wir eine Methode, die es in den meisten anderen spirituellen Traditionen gibt: »Nimm nur ein kurzes Wort mit einer einzigen Silbe; das ist besser als eines mit zwei Silben, denn je kürzer es ist, desto besser passt es zum Werk des Geistes. Solch ein Wort ist das Wort ›Gott‹ oder das Wort ›Liebe‹ [im Englischen ›love‹, somit einsilbig]. Wähle, welches du willst, oder auch ein anderes einsilbiges Wort nach deinem Belieben. Hefte dieses Wort an dein Herz, auf dass es von dort nicht weiche, was immer auch geschehen mag ... Mithilfe dieses Wortes sollst du alle Arten von Gedanken so heftig unter die Wolke des Vergessens werfen, dass du einem Gedanken, der sich an dich herandrängt und dich fragt, was du willst, mit nicht mehr Worten als diesem einen entgegnest.«

In der *Wolke des Nichtwissens* geht es um nichts anderes als um die Herstellung und Gestaltung einer direkten Beziehung zu Gott. Denn Gott ist demnach nicht zu denken, sondern nur zu lieben. Da er nicht zu denken ist, können wir ihn nur in jener Wolke des Nichtwissens wahrnehmen oder – wie wir heute sagen würden – mit dem inneren Auge sehen. Eine gute Praxis kann auch sein, mit dem Atemzählen zu beginnen. Eins beim Einatmen, zwei beim Ausatmen, drei beim Einatmen. Man zählt bis zehn und beginnt dann wieder von vorn. Am Anfang genügen zehn Minuten, die wir, wenn wir wollen, auf 25 bis 30 Minuten steigern können. Das räumt uns im Inneren auf und manchmal können wir zwischen zwei Gedanken die Wolke des Nichtwissens erahnen.

Der Mensch denkt, Gott lenkt

Gott ist für mich diese subtile und höchst intelligente Energie, die ich manchmal um mich spüren kann. Wenn ich Fragen habe oder mich in einem Konflikt mit einem anderen Menschen befinde, hält diese Energie Rat für mich bereit. Dieser Rat ist meist so treffend und »erleuchtend«, dass ich schon oft lachen musste. Gott kann sehr humorvoll sein.

Als ich vor Jahren den Jakobsweg in Spanien gegangen bin, war ich eines Morgens sehr beschäftigt mit der Frage, warum es denn auf dem ganzen Weg so gar keine jüngeren Männer gäbe. Ich haderte sehr mit mir, mit dem Weg und auch dem Schicksal, das es so schlecht mit mir meinte. Ich jammerte. Nach etwa zwei Stunden des Marsches und des Jammerns sah ich an einer Herberge ein Schild, auf dem »Coffee + Breakfast« stand. In der Regel verlässt man besonders im Sommer die Herberge sehr früh, um die Mittagshitze weitestgehend zu vermeiden und den größten Teil der Tagesetappe schon am frühen Nachmittag zu bewältigen.

Meist frühstückt man nur sehr asketisch, auch, um andere Pilger in ihrem Schlaf nicht zu stören. Daher war die Aussicht auf eine Tasse Kaffee und irgendetwas Essbares sehr verlockend für mich. Ich betrat also den Speiseraum und erblickte einen jungen, sehr attraktiven Mann. Natürlich kam ich sofort mit ihm ins Gespräch, da ja nur wir beide und die Hospitalera, die Herbergsmutter, da waren. Für mich war das wie ein Fingerzeig: »Es gibt sie schon, die jungen, schönen Männer, nur im Moment ist das für dich nicht dran.« Damit konnte ich gut leben. Mit einem Lächeln verließ ich die Herberge und ging meinen Weg weiter.

Manchmal führt mich diese Energie direkt hinein in Situationen, mit denen ich einen Konflikt habe. Dadurch, dass ich quasi vor dem »Problem« stehe und Weglaufen auch keinen Sinn macht, setze ich mich mit dem anstehenden Thema auseinander. Alleine dadurch werden die Schwierigkeiten lösbar. Oft reicht es, hinzuschauen und sie ins Herz zu schließen, wo Gott dann wirken kann. Gottes Sein ist höchst pragmatisch und findet sich nicht nur in Kirchen. Gott wirkt immer: Wir sind es, die das nicht wahrhaben wollen oder können.

Der gesprächsbereite Gott

Mein Bild von Gott ist das einer unendlichen Weisheit, intelligent auf eine für uns nur bedingt vorstellbare Art und Weise, verbindend und lenkend in tiefster Liebe. Wenn ich in guten Momenten auf dem Meditationskissen sitze, werde ich von Liebe durchflutet, die in mich hineingehend und durch mich hindurchgehend fließt. Ich spüre, dass ich, auch wenn ich in diesem Augenblick voller Liebe bin, nicht der Ausgangspunkt dieser Liebe bin, sondern nur Station und Empfänger. Voller Dankbarkeit erlebe ich diese Geschenke. Diese Liebe verbindet mich und macht mich gleichsam offen für andere Menschen und die täglichen Geschehnisse meines Lebens.

Das Universum ist ein unterstützender Ort und es gibt Rückmeldungen. Das Universum oder das Göttliche antwortet. Die vielleicht größte Überraschung ist, dass ich als kleiner Mensch Antworten erhalten kann. Gott ist wahrscheinlich keine Person, auch wenn wir uns das als Kinder so vorgestellt haben, aber er reagiert persönlich, im Sinne von: auf mich bezogen und mir zugewandt. Viele Menschen, die sich vom Glauben abgewandt haben, besitzen häufig nur mehr eine diffuse Vorstellung von dem, was sie als Gott bezeichnen. Für einige ist es ein Prinzip, für andere etwas in der Natur. Wir Menschen werden Gott wahrscheinlich nie ganz erfassen können, aber wenn wir uns mehr und mehr als verbunden mit ihm erleben, wird diese Beziehung auch transparenter.

Die Beziehung von Gott aus ist immer schon da, aber wir fühlen uns nicht anhaltend mit ihm verbunden. Unsere Fähigkeit, Kontakt zu halten, gründet auf unserer Liebe zu Gott. Sie ist das Band, das von unserer Seite her Verbindung bewirkt. Es ist unsere Aufgabe, mehr zu lieben; damit machen wir uns bereit, Gottes Gegenwart zu spüren. Wie in jeder Freundschaft kommt es auf unser ernsthaftes und ehrliches Bemühen an. Wenn wir Beziehungen nur dann pflegen, wenn wir etwas erwarten oder wollen, werden wir uns letztlich selbst enttäuschen. Eine Funktionalisierung mag zwar bei Menschen oberflächlich glattgehen, doch dauerhaften Rückhalt werden wir damit weder bei Menschen noch bei Gott finden.

Wenn wir in heiligen Schriften lesen, dass Gott einem Menschen etwas aufgetragen oder mit ihm gesprochen hat, fällen wir meist vorschnell das Urteil, das gehöre ins Reich der Legenden. Aber Gottes Sprache ist erlernbar. Wir wenden uns ihm zu und Gott gibt uns Zeichen. Diese Zeichen sind so alt wie die Menschheit. Nur haben wir sie vergessen. Es können Träume, Herzenswünsche, Sehnsüchte sein, aber auch ein Wort, das mich anspricht. Es können auch sehr konkrete Geschehnisse sein: Ich habe mich in einer fremden Stadt verfahren und finde die gesuchte Straße ohne GPS und ohne dass ich fragen muss. Einfach so, weil mich mein Gefühl lenkt.

Vor Kurzem war ich mit meinem Freund im Garten mit unserer Kletterrose beschäftigt, die ich etwas unglücklich inmitten von Mineralbeton gepflanzt habe. Wir waren uns einig, dass es für die Rose sehr gut wäre, wenn wir sie mit etwas Pferdedung versorgen würden. Mein Freund verzog schon angewidert das Gesicht. Ich wusste, er stellte sich vor, wie er einen Eimer Pferdeäpfel vom Pferd seiner Tochter zu uns nach Hause brachte. Am Abend, als ich aus dem Küchenfenster schaute, prangte doch tatsächlich ein großer Haufen Pferdeäpfel direkt auf der Straße vor unserem Haus.

Bestimmt hat der liebe Gott den Haufen nicht direkt vor unsere Tür gelegt, aber irgendwie hat er es geschafft, das Pferd dazu zu bewegen. Höflicherweise lagen die kostbaren Äpfel auch nicht direkt vor dem Eingangsweg, sondern seitlich versetzt auf der Höhe unseres Grundstücks. Manche nennen es Zufall, für mich ist es aber wieder einmal eines dieser kleinen Zeichen, für die ich immer achtsamer werde. Ich habe mich sehr über die Lieferung gefreut und schmunzle noch heute, wenn ich daran denke.

Herzmund

Indem ich frei werde von eigenen Vorstellungen und Idealen, von Bildern, wie etwas zu sein hat, werde ich zur unbemalten Leinwand. Dann gebe ich Gott die Farbe und lasse mich überraschen von dem, was entsteht. An seiner Schönheit kann ich mich ohnehin nicht messen.

In der *Wolke des Nichtwissens* findet sich das Sprichwort: »Gott schickt die Kuh, aber er zieht sie nicht an den Hörnern herbei.« Ich kann immer wieder in meinem Alltag erleben, dass Gott mir »Kühe« schickt. Es ist zwar nicht unbedingt immer das, was ich mir vorgestellt habe, aber genau das, was ich jeweils benötige, und immer das absolut Richtige für mich. Ich kann mich auf Gott verlassen. Aber es liegt an mir, Vertrauen zu haben und mich bereit zu machen, zum Beispiel durch Beten. Wobei mich förmlich ein Blitz durchzuckt, wenn ich das schreibe. Alles andere als katholisch durchdrungen, bauen sich in mir sofort Widerstände auf gegen den Begriff »Beten«. Ich mag diese aufgesetzte Unterwürfigkeit nicht, die ich damit automatisch verbinde.

Dabei bete ich immerzu: In fast all meinen Lebensmomenten bin ich verbunden mit dem, was ist, beziehe mich auf Gott und diese Energie, die immer bei mir ist. Ich bete, wenn ich auf meinem Meditationsplatz sitze und meinen Atem zähle. Ich bete, wenn ich mir etwas wünsche, im Vertrauen darauf, dass Gott mir meinen Wunsch erfüllen wird.

Ich bete, wenn ich mich voller Zuneigung meinen Mitmenschen zuwende. Ich bete, wenn ich sage: »Bitte hilf!« Mit den Worten der *Wolke des Nichtwissens* gesprochen, ist Beten an sich seiner Natur nach nichts anderes als ein inniges, unmittelbar auf Gott zielendes Gerichtetsein in der Absicht, Gutes zu erlangen und Böses abzuwenden.

Wir haben vielfach verlernt, was es heißt, sich mit Gott im Gebet zu verbinden, mit ihm zu sprechen. Es sind nicht unbedingt die vorgegebenen Katechismen, auf die es ankommt. Es ist vielmehr diese von Herzen kommende und auf diese unmittelbare Energie ausgerichtete Kommunikation. Das Herz ist der Mund meines Gesprächs mit Gott.

Das Herz ist in fast allen kulturellen Traditionen der imaginierte Sitz der wahren Empfindung, der Intuition und der Liebe: Mir schmerzt oder hüpft das Herz. Ich mache etwas mit ganzem Herzen, ich gehe eine Herzensverbindung ein. Das Herz ist so etwas wie ein Kompass für mein Wohlergehen. Vorausgesetzt, ich habe ein klares Gefühl für das, was mir mein Herz sagen will. Spirituelle Schulen oder gute Wege der Persönlichkeitsentwicklung tragen nach und nach die Schichten ab, die durch Erziehung und Erfahrung, vielleicht auch durch so etwas wie Karma mein Gespür für mein Wohlergehen und das anderer Menschen beeinträchtigt haben. Im Kern ist jeder Mensch gut und voller Liebe. Menschen erfahren sich aber in ihrem Leben als isoliert, minderwertig und ungeliebt. Das muss nicht der Realität entsprechen, es reicht, wenn entsprechende Vorstellungen im Kopf gebildet werden. Dann trage ich meine Konzepte wie eine Brille: Die Ereignisse und Personen sind in der Farbe gefärbt, die meine Brillengläser haben.

Wir sind alle »drin«

Die moderne Erkenntnistheorie geht davon aus, dass es keine objektive Welt »da draußen« gibt, die wir Menschen als unabhängige Beobachter wahrnehmen. Denn, so formulierte es der Physiker und Philosoph Heinz von Foerster, »da draußen gibt es nämlich in der Tat weder Licht noch Farben, sondern lediglich elektromagnetische Wellen; da draußen gibt es weder Klänge noch Musik, sondern lediglich periodische Druckwellen der Luft; da draußen gibt es keine Wärme und keine Kälte, sondern nur bewegte Moleküle mit größerer oder geringerer durchschnittlicher kinetischer Energie«.

Sowohl in der modernen Physik als auch im buddhistischen Verständnis gibt es nicht einmal mehr Wellen oder Moleküle, sondern nur noch Geist. Materielos, unendlich und ewig. Er ist aus der gleichen Nicht-Substanz wie unsere Gedanken. Jeder, der schon einmal erlebt hat, dass jemand, an den man gerade gedacht hat, anruft oder gar ein Mensch genau das ausspricht, was ich gerade gedacht habe, erlebt die Grenzenlosigkeit des Geistes, der nicht an unserer Schädeldecke haltmacht. Ein häufiger Einwand gegen diese Sichtweise ist, dass man aus manchen Situationen eine Wahrscheinlichkeit ableiten könne. Jedoch passieren solche Dinge auch häufig, ohne dass das Ergebnis absehbar oder aus der Situation ableitbar gewesen wäre.

Der englische Forscher Rupert Sheldrake beschäftigt sich seit Jahren mit geistigen Übertragungswegen, die er »morphogenetische Felder« nennt. Mit dem Vorhandensein solcher Felder erklärt er unter anderem den Wissenstransfer bei Mäusen über große Entfernungen hinweg. Ein bekanntes Experiment ist seine Arbeit mit zwei Mäusepopulationen, die er durch ein Labyrinth schickte, in dessen Mitte sich ein für Mäuse leckeres Käsestück befand. Sheldrake stoppte jeweils die Zeit, die die einzelnen Mäuse benötigten, um durch das Labyrinth zum Käse zu gelangen. Sie wurden im Laufe mehrerer Durchgänge immer schneller, das heißt, sie lernten. Eine andere, auf dem europäischen Festland beheimatete Mäusepopulation, die in keiner Beziehung zu der ersten, sich in England befindenden Mäusegruppe stand, schaffte es auf Anhieb mit Zeiten durch das Labyrinth, die denen der »gelehrigen« Mäuse entsprachen. Sheldrakes Theorie geht davon aus, dass es Wissensfelder gibt, in denen alles Wissen gespeichert ist, und es kann jederzeit abgerufen werden.

Aber zurück zum Herz. Es sind die auf dem Herzen scheuernden Vorstellungen, dass wir alleine, minderwertig und ungeliebt sind, die unserem wahren Wohlergehen und unserem echten inneren Frieden im Wege stehen. Und wir Menschen sind einfallsreich, wenn es darum geht, das Wundsein des Herzens nicht zu spüren. Es gibt unzählige Strategien, die alle nur das Ziel haben, dem schmerzenden, tief nagenden Gefühl der empfundenen eigenen Unzulänglichkeit zu entgehen.

Das ist es, was Franziskus mit Armut meint: Wir sind alle Kinder Gottes und unfassbar wertvoll. Das gibt uns unseren Wert und unsere Würde. Mehr brauchen wir nicht. Das ist unser goldenes Herz, das in jedem von uns scheint. Das ist der göttliche Funke, der in jedem von uns ist. In seinen »Ermahnungen« (Kap. 19,1–2) schreibt Franziskus dazu:

Selig der Knecht, der sich nicht für besser hält,
wenn er von den Menschen laut gepriesen
und erhoben wird,
als wenn er für unbedeutend, einfältig
und verächtlich gehalten wird.
Denn was der Mensch vor Gott ist, das ist er,
und nicht mehr.

Das Gewand Gottes anziehen

Wir aber bauen unseren Wert oft auf unser Wissen, auf unser gutes Aussehen, auf unseren Erfolg und auf unsere Macht. Erst wenn wir feststellen, wie brüchig das alles ist, kehren wir vielleicht um. Dann verlassen wir unsere kleinen Wohnungen in uns und beginnen im Himmel und in der unbegrenzten inneren Freiheit zu wohnen. Franziskus, der selbst umgekehrt ist, kann uns hier Vorbild sein.

Ohne das Wissen seines Vaters verkauft Franziskus einen Tuchballen und sein Pferd, um die Kirche in San Damiano wiederaufbauen zu können. Denn von Gott hat er den Auftrag erhalten: »Baue meine Kirche wieder auf!« Sein Vater, der ganz andere Pläne mit ihm hat, tobt vor Wut. Nach einem Hausarrest zieht sich Franziskus wieder nach San Damiano zurück. Sein Vater versucht erneut, ihn zurückzuholen – jedoch ohne Erfolg. Daraufhin erhebt er Anklage gegen seinen Sohn. Im Februar 1207 kommt es schließlich zur öffentlichen Verhandlung vor dem Bischof von Assisi auf dem Domplatz. Franziskus entkleidet sich dort vollständig, gibt dem Vater die Kleider und sein ganzes Eigentum zurück und bricht endgültig mit ihm.

Der Vater steht für den Weg des Erfolges, des Geldes und des Ansehens. Franziskus aber ist auf der Suche nach Liebe, Frieden und Angenommensein, die er letztlich nur in Gott finden kann. Daher verzichtet er auf seinen vorgezeichneten Weg im Geschäft seines Vaters, auf das angenehme Leben als Geschäftsmann und auf das damit verbundene hohe Ansehen bei den Bürgern von Assisi. Er lebt wie ein Bettler, von vielen Menschen in Assisi wird er verspottet und von manchen sogar mit Schmutz beworfen.

Selbst wenn ihn dieser Streit und der Bruch mit seinem Vater über Jahre hinweg quälen, ist Franziskus in seiner

Entscheidung für Gottes Weg absolut. Damit erreicht er die Leichtigkeit des Herzens, die der Grund dafür ist, dass ihm innerhalb kürzester Zeit so viele Menschen folgen.

Franziskus tut meist das Naheliegende: Er bekommt die Weisung Gottes, seine Kirche wiederaufzubauen, und er macht sich daran, das in die Tat umzusetzen. Er tut, was Gott ihm aufträgt, auch wenn es banal erscheint, Ziegel und Holz zu besorgen und undichte Stellen im Dach zu reparieren. Franziskus sagt: »Der Alltag ist das Gewand Gottes.«

Wir hingegen tun nicht immer das Naheliegende. Vielleicht, weil wir uns selbst nicht vertrauen oder aus Angst vor den Folgen, die ein mutiger Schritt nach sich ziehen könnte. Manchmal tun wir das Naheliegende deshalb nicht, weil wir befürchten, wir könnten einen Fehler begehen. So tun wir lieber gar nichts. Dieses Nichtstun macht uns aber schal im Inneren. Wenn das Naheliegende das ist, was einerseits unser Herz berührt und uns andererseits auch näher zu Gott, zu unserer eigenen tiefsten Berufung führt, gehen wir uns permanent selbst aus dem Weg.

Man kann die Begebenheit also auch – im übertragenen Sinn – auf sich selbst anwenden. So kann ich mich fragen: »Wo höre ich die Stimme Gottes in meinem Alltag, in meinem Herzen? Wo zieht es mich hin?« Wir haben verlernt, die Weisungen unserer inneren Stimme wahrzunehmen – dies besonders im wörtlichen Sinn des Für-wahr-Nehmens. Wir glauben uns oft selbst nicht. Dabei überhören wir auch, was das Wichtigste in unserem Leben ist: wohin uns unser Herz tragen will. Wenn wir uns bei den kleinen Dingen nicht glauben, wird uns das Große gar nicht erst zuwachsen.

Gelebte Armut

Wenn wir beginnen, wieder mehr in uns hineinzulauschen, wird uns Gott an der Hand nehmen und dort ansetzen, wo wir gerade sind. Denn Gott tut, im Gegensatz zu uns, immer das Naheliegende. Indem wir das göttliche Prinzip dabei beobachten, können wir unsererseits lernen, dem Naheliegenden nicht mehr auszuweichen.

Der Weg zum Heilwerden des Herzens führt über den Verzicht, über die gelebte Armut. Es geht dabei nicht alleine um materiellen Verzicht, sondern auch darum, woran sich mein Herz hängt. Äußerlicher Verzicht ohne innere Armut legt jedoch den Geist genauso in Ketten wie ein Leben ohne Verzicht. Hierzu ein Beispiel: Das Rauchen aufzugeben, ohne innerlich gegen die Sucht zu kämpfen, führt zur Qual und häufig auch zur Aufgabe aller guten Vorsätze. Wenn ich meinen Geist beherrschen lerne und das Höchste in meinem Herzen ruhen lasse, kann ich Verzicht üben, und er wird mir zur Freude.

In der Bhagavad Gita, dem uralten Weisheitsbuch der Hindus, steht: »Wer den Geist bezwingt, hat die Überseele bereits erreicht, denn er gründet in innerer Ruhe. Ein solcher Mensch unterscheidet nicht zwischen Glück und Leid, Hitze und Kälte, Ehre und Schmach« (BG 6.7).

Es geht darum, Gott in meinem Herzen zu begrüßen. Alle spirituellen Übungen gehen letztlich dahin, unseren Geist, unsere Gedanken wegzulenken von der Materie, von der wir glauben, sie sei die endgültige Realität, und auf das auszurichten, worauf sich alles Sein gründet: die göttliche Energie. Sie gibt einem Kunstwerk den tieferen Sinn und bereitet jene subtile Freude, die an uns auch dann noch haften bleibt, wenn der Auslöser dieser Freude weitergezogen ist. Diese Energie ist die Grundlage für unser Lieben und für die Begeisterung, die sich einstellt, wenn uns etwas berührt.

Es liegt weniger daran, was wir tun und wo wir es tun, sondern wie wir es – mit unserem Herzen – tun.

Lasst euch nicht nieder

Eine Freundin hat mir den Link zu einem You-Tube-Video von Steve Jobs, dem Mitbegründer des Apple-Konzerns, geschickt. Jobs hält darin eine berührende Rede vor Absolventen der Stanford University, eine der Elite-Unis in den Vereinigten Staaten. Er erzählt drei Geschichten über sich:

***

Die erste Geschichte handelt davon, die Punkte zu verbinden. Er erzählt, dass sich seine leibliche, unverheiratete Mutter entschlossen hatte, ihn zur Adoption freizugeben – mit der Bedingung, dass die Adoptiveltern einen College-Abschluss besitzen. Ein Juristenpaar, das sich um seine Adoption bewarb, lehnte ihn in letzter Sekunde ab, weil sie doch lieber ein Mädchen haben wollten. Ein Ehepaar, das daraufhin angefragt wurde, sagte sofort zu. Lange Zeit aber stimmte seine biologische Mutter der endgültigen Unterzeichnung der Adoptionspapiere nicht zu, da sie herausgefunden hatte, dass die Adoptiveltern keinen College-Abschluss hatten.

Steve, der sich Jahre später für ein sehr teures College entschied, verließ dieses nach nur einem halben Jahr wieder, da er sah, wie sehr die Kosten seine Adoptiveltern finanziell belasteten und alle ihre Ersparnisse auffraß. Nachdem er die Universität verlassen hatte, schrieb er sich in einem Kalligrafie-Kurs ein, einfach nur, um zu lernen, wie das geht. Steve Jobs war fasziniert von dieser wunderschönen, kunstvoll geformten Typografie. Er besuchte diesen Kurs ohne eine bestimmte Intention. Zehn Jahre später, als er zusammen mit einem Freund Apple gründete, war es gerade diese visuelle Schulung, die die Grundlage für den Erfolg des Macintoshs ausmachte.

Steve Jobs sagt: »Man verbindet die Punkte nicht, indem man in die Zukunft blickt. Du kannst sie nur in der Rückschau verbinden. Habe Vertrauen, dass die Punkte sich irgendwie in der Zukunft zusammenfügen.«

Seine zweite Geschichte handelt von Liebe und Verlust. Nachdem er zehn Jahre lang Apple aufgebaut hat, wird er gefeuert. Aber er erkennt, dass er das, was er in den letzten zehn Jahren getan hat, immer noch liebt. Steve Jobs fängt noch mal von vorne an. »Ihr müsst finden, was ihr liebt. Und das gilt für eure Arbeit wie für eure Lieben. Eure Arbeit wird einen großen Teil eures Lebens füllen, und die einzige Chance, dass ihr Zufriedenheit darin findet, ist, dass ihr davon überzeugt seid, eine großartige Arbeit zu tun. Und die einzige Art, großartige Arbeit zu tun, ist, die Arbeit zu lieben. Wenn ihr sie noch nicht gefunden habt, gebt nicht auf, danach zu suchen. Lasst euch nicht nieder. Wie bei allen Herzensdingen werdet ihr es wissen, wenn ihr sie gefunden habt. Und wie in allen guten Beziehungen, wird es besser und besser mit den Jahren. So sucht weiter, bis ihr sie gefunden habt. Lasst euch nicht nieder.«

In seiner dritten Geschichte spricht Steve Jobs über den Tod. Er erzählt, dass er ein Jahr zuvor eine tödliche Krebsdiagnose bekommen hatte, die ihm nur noch ein Jahr zum Leben gab. Sein Arzt fordert ihn auf, seine Dinge zu regeln. »Kein Mensch will sterben. Sogar Leute, die in den Himmel kommen wollen, wollen nicht sterben, um dorthin zu gelangen. Und doch ist der Tod der Bestimmungsort, den wir alle teilen. Noch keiner ist ihm entkommen. Und das ist so, wie es sein sollte, denn wahrscheinlich ist der Tod die beste Erfindung des Lebens. Er ist der Vermittler, damit sich das Leben wandeln kann. Er räumt Altes weg, damit Neues entstehen kann. Heute seid das Neue ihr, aber in nicht allzu langer Zeit werdet ihr langsam alt und ihr werdet ›weggeräumt‹. Entschuldigt, dass ich so dramatisch bin, aber das ist nun mal die Wahrheit.«

In Anbetracht dieser existenziellen Bedrohung wurde Steve Jobs bewusst, wie wichtig es ist, das zu tun, was einem das Herz sagt. »Denn im Angesicht des Todes fallen fast alle äußeren Erwartungen, jeglicher Stolz, die Furcht vor Blamage oder Versagen weg. Sich daran zu erinnern, dass man sterblich ist, ist der beste Weg, den ich kenne, um die Falle zu vermeiden, die einem weismacht, man hätte etwas zu verlieren. Ihr seid bereits nackt. Es gibt keinen Grund, seinem Herzen nicht zu folgen.«

Jobs hatte Glück, denn bei der Operation stellte man fest, dass er an einer der wenigen heilbaren Formen des Bauchspeicheldrüsenkrebses litt.

***

Es gibt nur eine Weisheit

Wenn man zu schauen beginnt, finden sich die fast gleichen Aussagen über das Höchste überall in der Welt. Im Kern sind sie zwar identisch, aber sie unterscheiden sich je nach Kultur, in der sie entstanden sind. Bei Heraklit, einem griechischen Philosophen, der etwa zur gleichen Zeit wie Buddha in Indien und Laotse in China gelebt hat, ist zu lesen: »Der Weise sieht ein, dass alle Dinge eins sind. Es gibt nur eine Weisheit: Erkenne die Intelligenz, die alle Dinge mit allen Dingen verwebt.«

Im Thomasevangelium, das nach den bekannteren, zum biblischen Kanon zählenden Evangelien entstanden ist, begegnen wir Versen, die fast buddhistisch anmuten: »Jesus spricht: Ich bin das Licht, das über allem ist. Ich bin das All. Aus mir ist das All hervorgegangen. Und zu mir ist das All gelangt. Spaltet ein Stück Holz, ich bin da. Hebt den Stein auf, und ihr werdet mich dort finden« (Ev Thom 77,1–2).

Die allem innewohnende Weisheit verpflichtet uns, sie in allem, was ist, zu ehren. Es gibt keine Trennung zwischen meinem Gott und dem meines Nachbarn. Grenzen und Schranken werden von den Menschen errichtet und gepflegt. Einen spirituellen Weg gehen heißt, sich zunehmend Gott in sich selbst zuzuwenden und dadurch offen zu werden, ihn in allen anderen Gestalten zu erkennen.

Franziskus war darin begabt, Grenzlinien zwischen den Menschen zu überschreiten. Seine Minderbrüder unterschieden in den Anfängen des Ordens nicht zwischen armer oder reicher Herkunft, zwischen Laien und Klerikern. Für Franziskus sind wir alle Geschwister im Geist Gottes. Wir alle teilen die gleiche göttliche Abstammung.

Für Franziskus war Gott überall – in den Freunden wie in den sogenannten Feinden. Ein Satz, der von Franziskus überliefert worden ist, fasst diese Sichtweise zusammen: »Wenn du irgendwo ein Blatt aus dem Koran findest – heb es auf, küsse es und lege es auf den Altar!«

Da sein

Das Göttliche ist alles und überall. Es existiert immerzu, und die einzige Weise, wie wir es erfahren können, ist die Verankerung in die Gegenwart. Wie oft entfernen sich unsere Gedanken vom Jetzt, wandern in die Zukunft oder zurück in die Vergangenheit. Das Göttliche aber können wir nur in der Gegenwart finden. Nicht in der Erinnerung oder in der Fantasie einer Zukunft, sondern nur im jetzigen Moment. Im Hier und Jetzt und in uns.

Ein wesentliches Ziel jedweder spirituellen Schulung ist es, die Vertiefung in das Gegenwärtige zu fördern. Daher sind die Grundmethoden in allen religiösen Traditionen darauf ausgerichtet, Konzentration zu entwickeln und zu üben. Wenn der Geist gelernt hat, den Fokus zu behalten, ist er besser in der Lage, sich auf das Absolute auszurichten, und wir lernen, die Stimme in unserem Herzen zu vernehmen. Dann können wir uns heilen oder, besser ausgedrückt, machen wir uns offen für das Geheiltwerden.

Heil zu sein bedeutet, auf das Höchste ausgerichtet zu sein, auf diesen Geist, der das Wohl aller, jedes und jeder Einzelnen, sicherstellen kann. Wenn wir danach handeln, was uns unser Herz eingibt, dann werden wir auch das tun, was für uns und für »alles« das Beste ist. Vorausgesetzt, wir haben uns von unseren ichbezogenen Haltungen gelöst.

Das kann nicht gelingen, wenn nur der Intellekt lenkt. Aber ohne das Denken gänzlich auszuschalten, übernimmt das Herz die Kontrolle. Dann geht es uns gut, selbst wenn die Umstände schwierig sind. Dann erfahren wir Frieden im Geist und im Herzen.

Ich nehme mir vor, wie Franziskus eine Armut des Wollens zu entwickeln. Das fängt bei mir schon damit an, dass ich mir nicht immer wieder neue Dinge einfallen lasse, die ich brauche oder die ich machen will. Ich bin es gewohnt, die Dinge in die Hand zu nehmen – buchstäblich und im übertragenen Sinne. Das ist eine Form der Kontrolle, die das Überleben meines Egos sichern will. Habe ich, so bin ich noch am Leben, bin ich noch in der Existenz. Solange ich am Lenkrad der Geschehnisse sitze, kann meinem Ego nichts passieren. Und wenn ich nur genügend mitbestimmen kann, genügend Einfluss habe, dann geht es mir gut.

Leider ist diese Schlussfolgerung ein Trugschluss. Immer fester muss ich halten, damit mir nichts entgleitet von meiner vermeintlichen Sicherheit. Dieses Bewachen bindet mich immer mehr an die äußere Welt und verstärkt meine Angst und die Kontrolle, die verhindern soll, dass ich mich selbst verliere. Je mehr ich darauf konzentriert bin, festzuhalten, desto enger schließen sich Faust und Herz. In dieser Enge nehme ich mir selbst die Luft zum Atmen. Meine Hand, fest verschlossen, kann nichts mehr erhalten; mein Herz, ganz eng, kann nichts mehr annehmen.

Manchmal, beim Autofahren, kann ich erleben, wie schwierig es sein kann, seine eigene Bedeutung und Wichtigkeit abzustreifen. Da sitze ich hinter meinem Lenkrad und bin der festen Überzeugung, dass mein Fahrtziel das wichtigste ist, dass meine Geschwindigkeit der Maßstab für alle anderen Verkehrsteilnehmer zu sein hat und dass ich grundsätzlich Vorfahrt bekommen sollte. Das Autofahren ist daher gut, um spirituelle Haltungen einzuüben. Der Dalai Lama gibt hier einen wichtigen Hinweis: »Wenn wir warmherzige, mitfühlende Gedanken gegenüber anderen Wesen entwickeln, beruhigt das auch unseren eigenen Geist und er wird ruhig.«

Wie wäre es, dem anderen die Vorfahrt zu lassen, einfach zur Seite zu gehen, wenn es jemand eiliger zu haben scheint als ich, und auf meinem Fahrersitz der Welt voller Mitgefühl zu begegnen?

Ich bin da

Im Buch Exodus des Alten Testaments beschreibt Gott sich selbst als: »Ich bin der ›Ich-bin-da‹« (Ex 3,14). Wie wunderbar dieser Satz ist. In wenigen Worten erschließt sich das gesamte Mysterium. »Ich bin der ›Ich-bin-da‹.« Was ist dieses »Ich-bin-da«? Es ist ALLES. Es ist vollkommene Gegenwärtigkeit und Präsenz. Es umfasst jeden Stein, jedes Holz. Es ist im Stein, es ist das Holz und es ist jede Faser meines Körpers und meines Seins. Es geht darum, dieses »Ich-bin-da« erfahren zu lernen und wirklich spüren zu können: ES ist da. Nicht als abstraktes Gedankenmodell, als historische Idee oder als theologisches Konstrukt, sondern als unveränderliche Tatsache des Seins.

Es ist dieses »in-und-um-uns«, das die Grenzen unserer Vorstellungskraft sprengt. Das ist vergleichbar damit, in den Nachthimmel zu schauen und die Grenzen des Universums ergründen zu wollen. Das ist undenkbar. Der Intellekt ist zwar ein gutes Instrument, aber er ist dennoch ein Werkzeug. Um eine Skulptur zu bearbeiten, ist ein Meißel von guter Qualität hilfreich. Daraus allein entsteht aber noch lange keine berührende Kunst.

Vielmehr braucht es etwas, das sich nicht »packen« lässt. Etwas, für das Worte nicht ausreichen, um es zu beschreiben. Ich will dennoch einen Versuch wagen: Es ist das Dazwischen und das Mittendrin und das jeweils Tiefere. Ähnlich den Forschungsarbeiten in der Wissenschaft: Eine Tür wird geöffnet, nur um festzustellen, dass sich dahinter eine weitere Tür befindet. Mit unseren menschlich erdachten Konzepten können wir zwar die Erdoberfläche erklären, aber nicht das ihr Zugrundeliegende.

So wie wir uns selbst nicht mit unseren eigenen Augen sehen können, so können wir auch unseren eigentlichen Urgrund nicht sehen. Wir können bestenfalls an den Rand treten und uns erfassen lassen. Dann kommen wir in Berührung mit dem »Ich-bin-da« und werden eingenommen von diesem »Ich bin der ›Ich-bin-da‹« oder, wie es Franziskus in seinen »Ermahnungen« (Kap. 1,5–6) ausdrückt:

Der Vater wohnt in unzugänglichem Licht,
und Gott ist Geist,
und niemand hat Gott je gesehen.
Deshalb kann er nur im Geist geschaut werden,
denn der Geist ist es, der lebendig macht;
das Fleisch nützt nichts.

Aber dafür müssen wir gelernt haben, unsere Vorstellung von einem fest gefügten Ich, das in irgendeiner permanenten Form existiert, aufzugeben. Es ist ein »Ich-bin-dann-mal-weg«, damit das »Ich-bin-da« durchscheinen kann. Das Ich in seiner Form ist, wie alles Lebendige, der Veränderung unterworfen. Und die Veränderung ist das Wesentliche. Unsere Körper wie auch unser denkender Geist kreieren sich permanent neu. Die Körperzellen bilden sich ständig um und alle sieben Jahre hat sich der Körper vollständig erneuert. Das, was wir noch vor einem Jahr gedacht, selbst gestern noch für wahr gehalten haben, kann heute schon im Licht einer geänderten Perspektive völlig anders für uns aussehen.

Alles spirituelle Üben setzt an der Veränderung der Wahrnehmung an, an der Art und Weise, wie ich die Welt sehe. Wenn ich die Welt neu betrachte, gestalte ich gleichzeitig meine Beziehung zu ihr neu. Zu den Tieren, zum Gras, zu den Steinen, zu den Menschen, zu mir selbst.

Im lautlosen Gewahrsein können wir mit dem »Ich-bin-da« in Beziehung treten. Wenn unsere Gedanken ganz ruhig werden und wir dem inneren Stillsein lauschen, ist da nur noch der leere, nichtleere Raum. Es ist die Stille zwischen zwei Gedanken. Darin scheint auf, was uns im Eigentlichen durch das Leben trägt.

Eine Übung

Aus der schamanischen Tradition leitet sich eine Übung ab, die hilfreich ist, um eine Verbindung mit der belebten Natur zu spüren, das »Draußen-Sitzen«. Es ist eine Kurzform dessen, was in der indianischen Tradition mit einem Vision Quest, einem mehrtägigen Fasten in der Einsamkeit der Natur, erreicht werden soll. Wir können die Erfahrung machen, dass die Natur zu uns spricht, wenn wir nur unsere Aufmerksamkeit darauf einstellen. Hier eine Anleitung:

* * *

Zieh dich an einen stillen Platz in der Natur zurück. Das kann ein Baumstumpf an einem wenig begangenen Waldweg sein, ein moosiger Platz in der Nähe einer Lichtung, es kann sogar eine Bank sein. Wichtig ist, dass der Platz dich anziehen kann. Atme tief in deinen Unterbauch und versuche dich zu entspannen. Auch wenn das nicht gleich gelingen sollte, versuche es einfach, denn es geht auch hier vorrangig um das Üben und um die Intention, die du mit dem Üben verbindest.

Sitze möglichst unbewegt mit geradem Rücken. Wenn du magst, schließe die Augen. Wichtig ist es, die Ohren »groß zu machen« und, so gut es geht, ganz zum Lauschen zu werden.

Was hörst du? Lausche nur. Bemerke das Rascheln der Blätter und das Geräusch, wenn sie sich aneinander reiben. Vielleicht kannst du das Strömen des Regens und den Ruf eines Eichelhähers in der Ferne vernehmen. Was ist da noch?

Versuche, ganz Ohr zu werden, und lasse deine Gedanken einfach in der hinteren Ecke deines Kopfes weiterfließen. Sitze möglichst über den Zeitpunkt hinaus, an dem es dir unbequem erscheint. Bleibe.

Wenn du die Übung abschließen willst, öffne die Augen und verneige dich mit einer Geste, die dir entspricht. Mache diese Übung häufiger. Du kannst damit auch das Sehen, das Riechen oder das Fühlen üben. Diese Übung ist eine gute Gelegenheit, die Wahrnehmung zu schulen und offen zu werden für Fingerzeige.

* * *

Das Höchste spricht in leisen Andeutungen und es wird dir kein fertiges Rezept für dein Leben schicken. Aber je mehr du dich öffnest, desto leichter wird es dir fallen, die kleinen Zeichen zu erkennen. Vielleicht entdeckst du am Wegesrand eine Himbeere, die so süß schmeckt, dass du erkennst, wie schön die Welt ist. Oder du siehst einen Specht, der vor dir gegen einen Baumstamm klopft. Vielleicht erkennst du, dass du noch nie einem Specht so nahe gewesen bist und dir noch nie Zeit genommen hast, ihn zu beobachten. Möglicherweise ist es ein Stein, der deine Aufmerksamkeit fesselt, oder ein Tannenzapfen. Du wirst Parallelen in deinem Leben entdecken, wenn du dich dafür offen hältst.

Martin Buber zitiert Rabbi Nachman, wie er das Gehen im Einklang mit der Natur beschreibt: »Wenn der Mensch gewürdigt wird, die Gesänge der Kräuter zu vernehmen, wie jedes Kraut sein Lied zu Gott spricht, wie schön und süß es ist, ihr Singen zu hören! Und daher tut es gar gut, in ihrer Mitte Gott zu dienen in einsamen Wandeln über das Feld hin zwischen den Gewächsen der Erde und seine Rede auszuschütten vor Gott in Wahrhaftigkeit. Alle Rede des Feldes geht dann in deine ein und steigert ihre Kraft. Du trinkst mit jedem Atemzug die Luft des Paradieses, und kehrst du heim, ist die Welt erneuert in deinen Augen.«

Ein Anfang

Als ich vor 20 Jahren zu meditieren begonnen habe, war mein hauptsächliches Interesse, zu mehr Selbstsicherheit und Zufriedenheit zu gelangen. Das habe ich zweifelsfrei erreicht. Aber die spirituelle Praxis legt nicht einfach Ruhe und Frieden wie einen wollenen Schal um die Schultern. Sie ist vielmehr vergleichbar mit einem Wanderweg in den Bergen. Es kann schmerzhaft sein, wenn alte Dämonen zum

Leben erwachen. Und phasenweise kann es sogar sehr anstrengend werden, wenn der laue Teil in mir aufgeben will angesichts der Unbequemlichkeiten, die sich fast automatisch beim längeren Meditieren auf einem Kissen einstellen.

Plötzlich, während einer Rast, bemerke ich vielleicht, was alles ziehen kann – in den Beinen und auch in der Seele. Die Luft wird dünner und das Herz schlägt schneller. Die Seelenhaut öffnet sich nicht immer dann, wenn man es sich wünscht, sondern auch in Momenten, in denen man nicht damit rechnet. Es ist, als befände sich im Inneren eine Art Kompass, der die Richtung angibt, die zu mehr Verbundenheit mit allem Sein und mit dem Höchsten führt. Die Nadel des Kompasses zeigt aber nicht unbedingt in die Richtung, die der rationale Geist zum Beispiel als Norden ausweist. Hier arbeitet etwas anderes. Anstatt einer dickeren Haut gegenüber dem Geschehen entwickelt sich Transparenz. Ich werde hineingenommen in das Geschehen. In dieser Verbindung mit dem, was tatsächlich gerade ist, erwache ich zu mir selbst.

Die spirituelle Beziehung zu Gott ist immer auch eine Beziehung zu mir selbst. Wenn ich mein Inneres nicht kläre, kann ich nicht zu einem »ganzen, heilen« Menschen reifen. Gelebte Spiritualität entsteht nur, wenn der Mensch sich mit dem wirklichen Jetzt und dem tatsächlichen Alltag verbindet. Der Himmel, in dem Gott thront, befindet sich in mir. So wie Jesus sagt: »Das Himmelreich ist inwendig in euch« (Lk 17,21). Der Mensch ist Teil dieses Himmelreiches, und nur wenn er sich nach innen wendet, seinen eigenen Urgrund sucht, kann er Gottes Reich finden. Franziskus drückt es so aus: »Wo die Stille mit dem Gedanken Gottes ist, da ist nicht Ruhe noch Zerfahrenheit.«

Dieses Geistigwerden setzt voraus, dass wir lernen, diese Stille mit dem Gedanken »Gott« oder »das Höchste« zu verbinden. Diese geistige Praxis vereint das Stillwerden und die Kontrolle der Gedanken mit dem Fokus auf ein einzelnes Objekt oder auf Gott.

Franziskus richtete sein ganzes Sein auf Jesus aus. Es ging ihm und seinen Gefährten darum, der Lebensweise des Jesus von Nazaret möglichst streng und bis ins Einzelne nachzufolgen. Für Franziskus wurde diese Verbindung so nah, dass er am Ende seines Lebens die Wundmale Christi aufwies.

Durch diese Ausrichtung auf ein Einziges und das Stillwerden des Gedankenstromes kann ein Innewerden der tiefsten Realität, deren Teil wir sind, gelingen. Franziskus zog sich häufig, manchmal für Wochen, in die Natur und in die Einsamkeit zurück, um sich ganz in diese Erfahrung zu verankern. Seine tiefe Verbundenheit mit dem Urgrund und mit allem, was ist, zeigte sich besonders in seinem Verhältnis zur Natur und zu den Tieren. Von ihm wird berichtet, so ist bei Helmut Feld zu lesen, er sammle »die Würmer vom Wege, dass sie nicht von dem Fuße zertreten werden, und den Bienen lässt er in der Winterzeit Honig und süßen Wein auftischen, dass sie nicht Hungers sterben«.

Seine geistige Übung entfernte in ihm jegliche Arglist und alles Ego, sodass er ganz Liebe wurde. Nicht nur Tiere verloren ihren Argwohn ihm gegenüber.

Heimkommen

Es ist immer wieder erstaunlich: Wenn ich daheim bin, träume ich davon, etwas Neues zu erleben, fremden Menschen, Gerüchen und Landschaften zu begegnen. Und wenn ich dann in der Fremde bin, sehne ich mich nach meinem bekannten Umfeld, nach dem vertrauten Geruch meines Hauses, nach der vertrauten Landschaft der bayerischen Berge und Seen.

70

Jedoch ist es dann meist so, dass, kaum habe ich die Tür aufgeschlossen, mein Gepäck abgestellt und mich wieder eingefunden, beinahe sofort der Gedanke auftaucht, wie es denn gewesen wäre, wenn ich noch etwas länger an dem fremden Ort geblieben wäre. Immer auf der Suche und stets unzufrieden mit dem Ort, an dem ich gerade bin.

»Zu Hause« ist ein ganz eigentümlich schönes Gefühl. Fast wie ein Schutzraum. Alles ist vertraut und in der Ankunft doch ungewohnt. Dadurch sind neue Schönheiten zu erkennen, die vormals im Alltag nicht mehr sichtbar waren. Es tun sich neue Blickwinkel auf, und nachdem ich erstmal Wohnung und Garten nach Veränderungen abgetastet habe, atme ich tief durch und kann mich an dem gewohnten Geschmack meiner Tasse Tee erfreuen. Dann ist in der Heimat ein Stück Fremdheit und ich kann mich ein wenig neu im Gewohnten einrichten.

Heimkommen heißt aber auch, sich bewusst zu werden, welche Quellen die eigentlichen und wesentlichen im eigenen Leben sind. Damit gemeint ist das Heimkommen zu sich selbst. Vom heiligen Benedikt heißt es: In der Gegenwart Gottes war er bei sich zu Hause. Fast automatisch stellt sich mir da die Frage, ob man ohne die Gegenwart Gottes überhaupt wirklich bei sich zu Hause sein kann. Ohne den Bezug auf etwas Höheres kann man sich in der Anbetung moderner Götzen verlieren. Dann ist der Bezugspunkt das größere Auto, die nächste Stufe auf der Karriereleiter oder der Partner als zentraler Lebensmittelpunkt.

Gerade Franziskus lehrt dieses Heimkommen zu sich selbst in der Präsenz Gottes. Dann ist mein Wert als Mensch das Menschsein an sich, meine Beziehung zu Gott ist der Angelpunkt meines Lebens und ich benötige keine materiellen Werte, um mich als vollständiger Mensch zu fühlen. Ich bin komplett in Gott oder, wie es Teresa von Avila ausdrückt: *Solo dios basta!* – »Gott allein genügt!«

Mir ist bewusst, dass ein alltägliches Leben mit seinen Verpflichtungen und dem Fokus auf das Außen unsere Aufmerksamkeit immer wieder von unserem eigentlichen Zentrum wegführt. Dann bin ich in der Arbeitsplanung, in der Organisation des Alltags oder in den Schwierigkeiten mit anderen Menschen oder mir selbst verfangen. Deshalb ist es so wichtig, Zeiten einzurichten, die für meine Beziehung zu Gott reserviert bleiben. Und auch wenn eine Verbindung zu Gott nicht jedes Mal gelingt – was jedoch immer an den Menschen und nie an Gott liegt –, ist es wichtig, in dieser Praxis des Übens zu bleiben. Nur dann kann ich die Beziehung zu Gott wie die zu einem guten Freund pflegen und intensivieren. Diese Stärkung dient dabei nur mir selbst. Denn Gott ist immer präsent, aber es sind unsere Antennen, die immer wieder neu ausgerichtet werden müssen, damit wir das Göttliche erfahren können.

Eine junge Klosterschwester hat mir dafür während eines Gesprächs, also auf symbolischer Ebene, ein schönes Bild geschenkt: Es ist, sagte sie, als würden wir eine Kerze betrachten. »Wir sehen immer nur die eine Seite und müssen unseren Standpunkt verändern, um die andere Seite der Kerze betrachten zu können. Die Kerze an sich aber bleibt in ihrer gesamten Ganzheit immerzu präsent.«

Dieses immer wieder geübte Heimkommen zu Gott hilft auch, das endgültige Nachhausekommen zu üben. Wenn wir sterben, sind wir geübt, uns auf Gottes Präsenz einzulassen. Damit kann unser Tod den Frieden bekommen, den wir schon im Leben eingeübt haben. Sanft begeben wir uns dann für immer in die immerwährende, stärkende Liebe und Gegenwart Gottes.

Wertvoll

Für Franziskus war der Weg in die Armut, in den Verzicht kein Problem. Er benötigte weder das Geld seines Vaters noch das Ansehen der Stadt Assisi oder das Verständnis seiner Freunde. Seinen Selbstwert bezog er allein aus dem Wissen, Gottes Geschöpf zu sein, den göttlichen Funken in sich zu tragen, aus der Gewissheit, von Gott geliebt zu sein.

Armut heißt, das Entsagen, das Loslassen dessen zu üben, woran ich hänge. Die Arbeit beispielsweise ist nicht das Problem, sondern meine Gedanken darüber. Damit gemeint sind zum einen die positiven Gedanken, wenn ich aus meiner Arbeit großen Selbstwert schöpfe, mich dadurch gebraucht und wichtig fühle; wenn ich denke, meine Arbeit sei über das Tun hinaus wertvoll. Zum anderen gibt es da aber auch die negativen Gedanken, die ich mir über meine Arbeit mache: dass ich nicht wertgeschätzt bin, mein Chef viel schlechter führt, als ich es tun würde, dass meine Kollegen mich mobben. Es sind diese Anhaftungen, die mich daran hindern, frei zu sein. Kann ich loslassen und einfach tun, was ansteht?

Es sind die inneren Fesseln, die mich halten und verführen, der Wunsch nach Bestätigung, die Angst, zu versagen, das Trachten nach mehr Macht. Diese Verhaftungen sind es, die mich in meiner eigenen Unzufriedenheit halten. Aber auch die kleinen Sicherheiten, die ich mir aufgebaut habe, um mich zu schützen, zählen dazu: Nur auf »meinem« Kopfkissen schlafe ich gut. Es ist die Art, wie ich mir meine Schnürsenkel zubinden »muss«, damit mich Befürchtungen nicht fortreißen. Da ist meine Vorstellung, wie das Leben »zu sein hat« und was wie passieren muss, damit ich glücklich sein kann. So wird das Leben zum Feind und ich muss kämpfen, um in seinen Wellen den Kopf oben zu behalten. So wird der Nacken steif und ich erschöpfe mich. Was wäre, wenn ich einfach mitfließen würde, im festen Glauben daran, dass das Leben mich trägt?

Wenn ich mein Leben an ein Höheres binde, an Gott, dann setze ich mich selbst vom Lenkrad weg und überlasse Gott die Steuerfunktion. Dann kann ich auf dem Beifahrersitz die Landschaft betrachten. Ich kann immer noch eine Straßenkarte auf dem Schoß liegen haben und kann dem »Fahrer« meinen Zielwunsch mitteilen. So ist die Fahrt durch das Leben für mich nicht Schicksal, sondern ich habe einen großen Anteil daran, mitzubestimmen, wohin es geht. Im Kontakt mit Gott erfahre ich, dass ich mein Leben beeinflussen kann. Da ist nicht der sture, alte Herr mit dem weißen Bart, der, bereits halb taub, nur das macht, was er für richtig hält. Er ist vielmehr ein höchst agiles, unendlich intelligentes Wesen, das voller Liebe, Güte und Weisheit immer das Beste für alle im Sinn hat und am riesigen »Zentralserver« sitzt und steuert.

Unser menschliches Unverständnis von einer solchen liebevollen Macht ist es, was uns zweifeln lässt. Es fehlt uns das Vertrauen, dass es irgendwie gut ausgehen wird mit dieser von Menschen »gemachten« Welt. Dahinter lugt aber das Göttliche hervor. Zwar können wir mit unseren menschlichen Sinnen beispielsweise Radiowellen weder sehen noch direkt hören, und doch sind sie da.

Der Mensch ist vom Grunde her ein spirituelles Wesen. Wir sind nicht autonom, was unsere spirituelle Existenz anbelangt. Zum Ganzsein und zum Menschwerden benötigen wir eine Ausrichtung, die uns in ein größeres Ganzes einbindet und unserer Ichbezogenheit die Dominanz nimmt. Wenn wir uns alleine um uns selbst drehen, nehmen Bitterkeit, Verzweiflung, Ängste und Süchte zu. Wir fürchten den Kontrollverlust und sind gerade darin gefangen. Es gibt keine Möglichkeit, das, was um uns geschieht, zu kontrollieren. Das Geschehen ist ein feines Netz aus Möglichkeiten, die sich dem Zugriff entziehen. Die Ohnmacht, die sich zwischen uns und unseren Wunsch, die Welt zu beeinflussen, schiebt und die Unmöglichkeit, dass das gelingt, können schier den Verstand rauben.

Es ist eine Gratwanderung, einerseits Visionen von dem, was ich erreichen will, zu haben und andererseits das Scheitern meiner Vorstellungen als Möglichkeit zu akzeptieren. Wenn ich das Steuerrad abgeben kann, erlange ich die Freiheit, einfach zu schauen, was da ist. Denn so erwarte ich die Ereignisse nicht, sondern nehme an, was kommt. Was hilft es, bitter zu werden oder dem Leben angstvoll aus dem Weg zu gehen? Das Leben geschieht und ich bin sowieso mittendrin.

Wunden heilen

Es ist der Schmerz, dem wir ausweichen wollen – dem Schmerz des Ungeliebtseins, des Alleinseins, des Versagens und des physischen Leidens. Gerade die früh zugefügten Verletzungen schwelen in uns und werden von uns als existenziell und lebensbedrohlich empfunden. Wenn ich aber hinschaue und bereit bin, die Pein zuzulassen, können Wunder der Heilung geschehen. Ganz tief in der Seele, wo die Qual am größten ist, ist eine Tür, die ins Freie führt.

Am tiefsten Punkt des Schmerzes, wenn die Ohnmacht und gleichzeitig die Bereitschaft, den Schmerz anzunehmen, gewachsen sind, wandelt sich die Wunde und Ruhe breitet sich aus. Dort, an diesem tiefsten Punkt, ist das Auge des Tornados – und hier geschieht Heilung.

Vor Kurzem war ich bei einer Traumatherapie-Sitzung, da mich hin und wieder Gefühle des Nicht-Genügens befallen. Nachdem ich der Therapeutin geschildert hatte, in welchen Situationen ich mich in diesen Emotionen verfange und wie sich das anfühlt, wenn ich meine, nicht gut genug zu sein, bat sie mich, diesem inneren Zustand eine Farbe zuzuordnen. Auch meine Lebensschnur, die ich mir innerlich vorstellte, bekam eine Farbe. Die Therapeutin forderte mich auf, zu schauen, wo die Farbe meines »Nicht-gut-genug-Gefühls« auf dieser Lebensschnur auftauche. Ich entdeckte die Farbe bei einem Alter von ungefähr fünf Jahren und beschrieb ihr die Situation, in der ich mich damals befand. Dabei klopfte sie mir durchgängig sanft auf beide Knie.

Ein traumatisches Erlebnis kann zu sprachlosem Entsetzen führen. Es entsteht dadurch, dass in der rechten Gehirnhälfte Bilder und Wahrnehmungen gespeichert werden, während gleichzeitig das Sprachzentrum der linken Hirnhälfte unterdrückt wird. Dadurch wird die Verarbeitung des traumatischen Geschehens erschwert. Wir fühlen uns ohnmächtig und wissen nicht, wie wir Verhaltensweisen, die bestimmte, belastende Situationen in uns auslösen, begegnen können.

Eine Methode, diese alten Verletzungen zu heilen, ist, dass der Therapeut oder die Therapeutin einen Finger vor dem Gesicht des Patienten hin- und herbewegt. Dieser soll dem Finger dann mit seinen Augen folgen. Durch diese Anregung zur intensiven Augenbewegung werden rechte und linke Gehirnhälfte wieder miteinander verbunden. An dem Punkt, an dem ich mit meinem ursprünglichen traumatischen Gefühl in Verbindung bin und es durch bewusstes Hinschauen verarbeite, kann Heilung geschehen. Es ist gut, die zerbrochenen Teile im Inneren wieder zu verbinden. Natürlich bleiben Bruchstellen sichtbar, aber ich kann mich auch wieder als Ganzes wahrnehmen. Denn die Energie, die allein dafür gebraucht wird, um diese beeinträchtigenden Gefühle im Inneren im Zaum zu halten, kann sehr erschöpfen und fehlt uns in unserem Leben an anderer Stelle.

Wir sollten uns aber auch nicht verurteilen, weil wir nicht ganz heil sind und in uns diese Sprünge spüren. Letztlich können sie der Motor unserer Veränderung sein und den Weg zum Heilwerden aufzeigen. Diese inneren Wunden sind ein Teil des menschlichen Lebens. Wenige Eltern und Erwachsene wollen Kinder wirklich verletzen. Kinderseelen, und nicht nur diese, sind verletzlich, weil sie noch so offen sind. Das, was ein Erwachsener vielleicht als Nebensächlichkeit abwertet, fährt in das Kind mit voller Wucht und bleibt dort hängen.

Ein Jesuitenpater sagte während eines Exerzitienvortrages vor Jahren, dass wirkliche Heilung nur durch Gott passiere und dass viele Therapieversuche scheitern, wenn nicht ein Höheres mitwirkt. Zuerst war ich irritiert und widersprach innerlich. Aber es ist dieses Sich-Verbinden mit einer mächtigeren Kraft, die mich aus meinem Um-mich-Kreisen in einen größeren Zusammenhang stellt. Es ist das Loslassen des Lenkrads im Vertrauen auf eine Lösung, die nicht nur mich, sondern das Ganze im Blick behält.

Spirituell leben bedeutet in erster Linie, die starke Anhaftung an ein fest gefügtes Ich, an ein Ego, aufzugeben. Für Franziskus ist es das Ideal der Armut, der äußeren, aber besonders auch der inneren Armut. Das ist die Möglichkeit, sich innerlich zu distanzieren – von sich selbst, der eigenen Wichtigkeit und dem eigenen Wohlbefinden. Das geschieht, wenn ich meinen unbedingten Wunsch nach Anerkennung aufgebe, wenn ich klein und unbedeutend werden kann. Selbst ohne den Gedanken und das Gefühl, dass meine Kleinheit und Bescheidenheit etwas Besonderes, Auszeichnendes sind. In einem Bild ausgedrückt: Es geht darum, dass ich innerlich wie ein blankes, leeres Papier werde, ohne dass ich auch nur einen Anflug von Stolz darüber zeige. Blank werden und bedeutungslos, darauf kommt es an.

Drei Fragen

Von einem Bekannten habe ich folgendes Märchen geschickt bekommen, das auf einer Geschichte von Leo Tolstoi basiert. Diese Geschichte von den »Drei Fragen« möchte ich an dieser Stelle wiedergeben:

* * *

Ein König ging davon aus, dass ihm nichts missglücken würde, wenn er immer wüsste, wann die rechte Zeit sei, um ein Werk zu beginnen, wenn er wüsste, mit welchen Menschen er sich abgeben solle und mit welchen nicht, und wenn er vor allen Dingen wüsste, welches von allen Werken das wichtigste sei. Im ganzen Reich gab er bekannt, dass derjenige, der ihm diese Fragen beantworten könne, reichen Lohn zu erwarten hätte. Viele Gelehrte kamen und gaben dem König verschiedene Antworten auf seine Fragen.

Auf die Frage nach dem rechten Zeitpunkt, antworteten die einen, man müsse vorher eine Einteilung der Tage, Monate und Jahre machen und sich stets streng an das Festgesetzte halten. Die anderen sagten, man könne nicht vorher entscheiden, welches Werk wann zu beginnen wäre. Man solle sich solcher Spielereien enthalten und stattdessen aufmerksam das Geschehen beobachten, um dann das Nötige zur richtigen Zeit zu beginnen.

Die Dritten gaben zu Bedenken, dass selbst bei steter Aufmerksamkeit kein Mensch immer den rechten Zeitpunkt bestimmen könne. Sie rieten dem König daher, auf den Rat weiser Männer zu hören und dann nach diesem Rat zu entscheiden. Die Vierten meinten, dass manche Werke keine Zeit ließen, um Rat einzuholen, sondern sofort entschieden werden müssten. Dafür müsse der König aber die Zukunft kennen. Diese sei aber nur den Magiern bekannt. Daher solle der König die Magier nach dem richtigen Zeitpunkt, um ein Werk zu beginnen, befragen.

Ebenso verschieden fielen die Antworten auf die zweite Frage aus: Die einen sagten, die wichtigsten Menschen für den König seien seine Ratgeber, die anderen antworteten, es seien die Priester. Die Dritten benannten die Ärzte und die Vierten bezogen sich auf die Krieger.

Auf die dritte Frage, welches Werk das wichtigste sei, antworteten die einen, es sei die Wissenschaft, während die anderen meinten, es sei die Kriegskunst. Die Dritten befanden, dass die Anbetung der Götter am wichtigsten sei.

Der König nahm keine der Antworten an und gab niemandem eine Belohnung. Um aber dennoch eine Antwort auf seine Fragen zu bekommen, entschloss er sich, einen Einsiedler, der für seine Weisheit bekannt war, aufzusuchen.

Der Einsiedler lebte in einer Hütte im Wald, verließ niemals seine Wohnstätte und empfing nur einfache Menschen. Der König legte daher einfache Kleidung an, trennte sich weit vor der Klause des Einsiedlers von seinen Waffenträgern, stieg vom Pferd und begab sich alleine zu ihm.

Als sich der König dem Einsiedler näherte, grub dieser gerade die Beete vor seiner Klause um. Er erblickte den König, begrüßte ihn und arbeitete weiter. Der Einsiedler war ein schmächtig gebauter Mann. Er atmete schwer, wenn er seinen Spaten in die Erde stieß und die Schollen wendete.

»Ich komme zu dir, weiser Einsiedler, um dich zu bitten, mir drei Fragen zu beantworten: Welche Zeit muss ich im Sinn haben und nicht versäumen, damit ich hinterher nichts zu bereuen habe; welche Menschen sind die notwendigsten, mit welchen Menschen muss man sich also mehr und mit welchen weniger abgeben; welche Werke sind die wichtigsten, was muss man also vor allen anderen Dingen tun?« Der Einsiedler hörte den König an, antwortete aber nicht. Er spuckte in die Hand und begann wieder zu graben.

»Du bist wohl müde«, sagte der König, »gib mir den Spaten, ich will für dich arbeiten.« »Ich danke«, sagte der Einsiedler. Er gab dem König den Spaten und setzte sich auf die Erde. Als der König zwei Beete umgegraben hatte, hielt er inne und wiederholte seine Frage. Der Einsiedler antwortete auch diesmal nicht, sondern stand nur auf und streckte die Hand nach dem Spaten aus. »Jetzt ruhe du aus«, sagte er.

Der König aber gab den Spaten nicht her, sondern fuhr fort zu graben. So verging eine Stunde um die andere und die Sonne begann schon hinter den Bäumen zu verschwinden, als der König den Spaten in die Erde steckte und sagte: »Ich kam zu dir, weiser Mann, damit du mir meine Fragen beantwortest. Wenn du sie nicht beantworten kannst, so sage es mir und ich werde nach Hause gehen.« »Da kommt jemand gelaufen«, sagte der Einsiedler. »Lass uns sehen, wer es ist.«

Der König blickte sich um und sah in der Tat einen bärtigen Mann, der aus dem Wald gelaufen kam. Er hielt seine Hände an den Leib gedrückt und unter seinen Händen strömte Blut. Der bärtige Mann lief auf den König zu, fiel zur Erde, schloss die Augen und rührte sich nicht mehr. Der König und der Einsiedler öffneten die Kleider des Mannes. Auf seinem Leib klaffte eine tiefe Wunde. Der König wusch sie, so gut er konnte, und verband sie mit Tüchern. Das Blut ließ sich aber nicht stillen und der König nahm einige Male den mit warmem Blut durchtränkten Verband ab, wusch und verband die Wunde von Neuem.

Als das Blut endlich gestillt war, kam der Verwundete zu sich und bat um etwas zu trinken. Der König brachte frisches Wasser herbei und gab dem Verletzten zu trinken. Die Sonne war inzwischen untergegangen und es wurde kühl. Der König und der Einsiedler trugen den Verwundeten in die Klause und legten ihn auf das Bett. Als der Verwundete auf dem Bett lag, schloss er wieder die Augen und wurde still. Der König war vom Gehen und von der Arbeit so müde geworden, dass er sich auf die Schwelle hinhockte und sofort einschlief.

Als er am nächsten Morgen erwachte, konnte er lange nicht begreifen, wo er sich befand und wer der seltsame bärtige Mann war, der auf dem Bette lag und ihn unverwandt mit glänzenden Augen anschaute.

»Vergib mir!«, bat der bärtige Mann mit schwacher Stimme, als er sah, dass der König erwacht war und ihn anblickte. »Ich kenne dich nicht und habe dir nichts zu vergeben«, sagte der König. »Du kennst mich nicht, aber ich kenne dich. Ich bin dein Feind, der geschworen hat, an dir Rache zu nehmen, weil du meinen Bruder hingerichtet und mir meine Habe genommen hast. Ich wusste, dass du allein zum Einsiedler gegangen bist, und ich wollte dich auf deinem Rückweg töten. Es verging aber der ganze Tag und du kamst nicht. Da ging ich aus meinem Versteck hinaus, um zu sehen, wo du bleibst, und ich stieß auf deine Waffenträger. Sie erkannten mich und verwundeten mich. Ich lief ihnen davon. Ich wäre verblutet und gestorben, wenn du meine Wunde nicht verbunden hättest. Ich wollte dich töten und du hast mir das Leben gerettet. Wenn ich nun am Leben bleibe und du es mir gewährst, so werde ich dir als treuer Sklave dienen und dasselbe auch meinen Söhnen befehlen. Vergib mir!«

Der König freute sich, dass es ihm so leicht gelungen war, sich mit seinem Feind auszusöhnen. Er verzieh dem Mann nicht nur, sondern versprach auch, ihm seine Güter zurückzugeben und seine Diener und seinen Arzt zu ihm zu schicken.

Nachdem der König sich vom Verwundeten verabschiedet hatte, trat er vor die Tür und hielt Ausschau nach dem Einsiedler. Bevor er nun ging, wollte er ihm ein letztes Mal seine Fragen vorlegen. Der Einsiedler war draußen, er rutschte auf Knien vor den Beeten, die er gestern umgegraben hatte, und steckte Gemüsesamen hinein. Der König trat auf ihn zu und sagte: »Zum letzten Male bitte ich dich, weiser Mann, mir meine Fragen zu beantworten.« »Die sind schon beantwortet«, entgegnete der Einsiedler, hockte sich auf seine mageren Knochen und blickte von unten zu dem vor ihm stehenden König auf.

»Wieso sind sie beantwortet?«, fragte der König. »Gewiss«, sagte der Einsiedler. »Hättest du dich gestern nicht meiner Schwäche erbarmt und diese Beete für mich umgegraben, sondern wärst alleine zurückgegangen, so hätte der Mann dich erwischt und du hättest es bereut, nicht bei mir geblieben zu sein. Die richtige Zeit war also die, in der du meine Beete umgegraben hast, der wichtigste Mensch war ich und das wichtigste Werk war, mir Gutes zu tun. Und später, als der verletzte Mann angelaufen kam, war die richtigste Zeit die, als du ihn pflegtest: Denn hättest du ihn nicht verbunden, so wäre er gestorben, ohne sich mit dir versöhnt zu haben. Also war er da der wichtigste Mensch und das, was du ihm getan hast, war das wichtigste Werk.

Merke dir: Es gibt nur die wichtigste Zeit, nämlich den Augenblick. Nur über ihn haben wir Gewalt. Der wichtigste Mensch ist der, mit dem du im Augenblick zusammengekommen bist, denn niemand kann wissen, ob du je wieder mit einem anderen Menschen zusammenkommst. Und das wichtigste Werk ist, ihm Gutes zu tun, denn dazu ist der Mensch in die Welt gesandt.«

***

Diese Geschichte zeigt sehr schön, was es bedeuten kann, sich dem Fluss des Lebens anzuvertrauen. Indem wir mit ihm fließen, können sich gänzlich neue Sichtweisen und Lösungen anbahnen. Dabei ist es aber notwendig, den eigenen Wunsch nach Kontrolle aufzugeben, wie schwer das auch sein mag. Wenn wir dazu noch nicht in der Lage sind, können wir davon ausgehen, dass unser Vertrauen in Gott und das Leben noch nicht gefestigt ist. Gottes unendliche Intelligenz waltet ohne uns, nur unser Kleingeist besteht darauf, dass er auch etwas hinzuzufügen hätte. Was wir tun können und sollen, ist, uns immerzu dem zu widmen, was gerade ansteht. Ohne eigene Agenda, deren Verwirklichung wir heimlich im Auge behalten.

Das Gehen mit dem Fluss der Zeit verlangt eine innere Haltung, die es uns ermöglicht, bereitwillig Distanz zum Geschehen einzunehmen. Es ist die Haltung eines neutralen Beobachtens mit gleichzeitig interessierter Konzentration auf das, was gerade ist. Diese feste Verankerung im Jetzt, im Augenblick hilft, den Kopf freizumachen von den stetigen Überlegungen und Ausschmückungen, wie das Leben unserer Meinung nach gerade zu sein hätte.

Wir Menschen wissen nie, was in einer Situation wirklich das Beste für uns, für alle und alles ist. Die Zusammenhänge bleiben uns meist verborgen. In kostbaren Momenten erkennen wir vielleicht, was eine zufällige Wendung verhindert oder ermöglicht hat. So wie bei Menschen, die ein Flugzeug verpasst haben, das dann verunglückt ist. Da wir oft nicht wissen, was gut für uns ist, tun wir gut daran, einfach das Naheliegende zu tun.

WEGWEISER II

In La Foresta verbrachte Franziskus Zeit vor seiner Augenoperation in Fonte Colombo. Ausgezehrt und schwach vom übermäßigen Fasten und von den Schmerzen der Augenkrankheit, die er sich auf einer Orientreise zugezogen hatte, dichtete er hier zumindest Teile des weltberühmten »Sonnengesangs«.

La Foresta steht für Disziplin und Ordnung und für die Wichtigkeit von Struktur für einen Pilgerweg des Herzens. Die meisten spirituellen Traditionen betonen darüber hinaus auch die Losgelöstheit von äußeren Bedingungen auf dem Weg der geistigen Entwicklung. Denn indem wir verzichten, gewinnen wir die Liebe zur Welt.

VOM WACHSEN UND GEDEIHEN

~ LA FORESTA ~

Gelobt seist du, mein Herr,
durch unsere Schwester, Mutter Erde,
die uns ernährt und lenkt
und vielfältige Früchte hervorbringt
und bunte Blumen und Kräuter.

Auszug aus dem »Sonnengesang«
des Franziskus

Franziskus kam im Jahr 1225 in das Kloster von La Foresta, als er fast erblindet und sein vom langen Fasten ausgezehrter Körper schon zerstört war. Seine Wundmale schmerzten. Die Nächte verbrachte er im Gebet, weil Schlaf aufgrund der Schmerzen nicht möglich war. Ein Bruder seiner Gemeinschaft hatte ihn davon überzeugen können, dass eine Augenoperation dringend geboten war, und so kam Franziskus nach La Foresta, als Gast des dort ansässigen Priesters.

Als die Menschen vernehmen, dass Franziskus in der kleinen Kirche weilt, strömen sie in großer Zahl zu ihm. Zur Kirche gehört auch ein Weingarten. Die Menschen pflücken die Trauben, um sie zu essen oder mit nach Hause zu nehmen. Manche zertrampeln die Trauben auch einfach. Darüber erbost sich der Priester und bedauert, dass seine Ernte für dieses Jahr wohl verdorben sei.

Franziskus, der das Ärgernis des Priesters wohl spürt,

spricht ihn an und fragt: »Lieber Vater, wie viel Maß Wein erntest du für gewöhnlich aus diesem Weinberg?« »Zwölf Maß«, antwortet der Priester. Franziskus sagt daraufhin zu ihm: »Lass mich noch einige Tage hier verweilen. Die Ruhe tut mir gut. Jedermann möge von den Trauben pflücken, soviel er will. Lieber Mann, ich sage dir, dass der Wein zwanzig Maß überschreiten wird – in diesem Jahr und in all den kommenden Jahren. Dies verspreche ich dir im Namen meines Herrn Jesu Christi!«

Der Priester glaubt Franziskus. Als er später im Jahr die Trauben erntet, beläuft sich die Ernte genau auf die versprochene Menge. Im Kloster in La Foresta ist heute noch die in Stein gehauene Weinpresse zu besichtigen, ebenso eine Felsgrotte, in der Franziskus, abgeschieden vom Licht, das seine Augen nicht mehr vertrugen, betete. Teile des berühmten »Sonnengesangs« sollen auch hier entstanden sein.

Der »Sonnengesang« ist der bekannteste Text des Franziskus und zählt aufgrund seiner Poesie und seines Inhalts zur Weltliteratur. Er entstand größtenteils in einer Hütte bei San Damiano, wo der kranke Franziskus lag. Die Friedensstrophe fügte Franziskus hinzu, um einen Streit zwischen dem Bischof und dem Bürgermeister von Assisi zu schlichten. Die Strophe über »Bruder Tod« verfasste er, als er selbst dem Tode nahe war. Das Gebet ist nicht nur eine Hymne auf Gottes gute Schöpfung, sondern es zeigt uns auch, dass es möglich ist, eine annehmende Haltung zur Welt und zu Krankheit und Sterben zu entwickeln.

DER SONNENGESANG

Höchster, allmächtiger, guter Herr,
dein sind der Lobpreis, die Herrlichkeit und Ehre
und jeglicher Segen.
Dir allein, Höchster, gebühren sie,
und kein Mensch ist würdig, dich zu nennen.

Gelobt seist du, mein Herr,
mit allen deinen Geschöpfen,
zumal dem Herrn Bruder Sonne;
er ist der Tag, und du spendest uns
das Licht durch ihn.
Und schön ist er und strahlend in großem Glanz,
dein Sinnbild, o Höchster.

Gelobt seist du, mein Herr,
durch Schwester Mond und die Sterne;
am Himmel hast du sie gebildet,
hell leuchtend und kostbar und schön.

Gelobt seist du, mein Herr,
durch Bruder Wind und durch Luft und Wolken
und heiteren Himmel und jegliches Wetter,
durch das du deinen Geschöpfen den Unterhalt gibst.

Gelobt seist du, mein Herr,
durch Schwester Wasser,
gar nützlich ist es und demütig
und kostbar und keusch.

Gelobt seist du, mein Herr,
durch Bruder Feuer,
durch das du die Nacht erleuchtest
und schön ist es und liebenswürdig
und kraftvoll und stark.

Gelobt seist du, mein Herr,
durch unsere Schwester, Mutter Erde,
die uns ernährt und lenkt
und vielfältige Früchte hervorbringt
und bunte Blumen und Kräuter.

Gelobt seist du, mein Herr,
durch jene, die verzeihen um deiner Liebe willen
und Krankheit ertragen und Drangsal.
Selig jene, die solches ertragen in Frieden,
denn von dir, Höchster, werden sie gekrönt werden.

Gelobt seist du, mein Herr,
durch unsere Schwester, den leiblichen Tod;
ihm kann kein Mensch lebend entrinnen.

Wehe jenen, die in schwerer Sünde sterben.
Selig jene, die sich in deinem heiligsten Willen finden,
denn der zweite Tod wird ihnen kein Leid antun.

Lobt und preist meinen Herrn
und sagt ihm Dank und dient ihm mit großer Demut.

Franziskus von Assisi

Gerade in Krankheit und Leid zeigt sich unser Verhältnis zur Welt und zu unseren Mitmenschen. Die meisten Menschen werden so sehr von ihren Schmerzen beansprucht, dass kein Platz mehr für sie selbst oder die Menschen, die sie umgeben, ist. Krankheit ist ein guter Weg, um zu lernen, sich nicht zu wichtig zu nehmen. Krankheit und Leiden sind feste Bestandteile unseres Vertrages mit dem Leben. Wir mögen das vielleicht nicht, aber sie gehören zum Menschsein dazu.

Von Franziskus wird berichtet, dass er auch in seiner Krankheit warmherzig und aufmerksam seiner Umwelt gegenüber blieb. Es ist nicht leicht, die Grenze zwischen Stärke und Selbstverleugnung zu ziehen. Franziskus mit seiner Sturheit gegenüber den Bedürfnissen seines Körpers bewegt sich genau auf dieser Linie. Später erkennt er, dass er seinem Leib wohl zu viel zugemutet hat. Sein früher Tod mit Mitte 40 bestätigt das.

Es geht darum, immer wieder zu entscheiden, was gerade richtig ist, was zu tun oder zu lassen ist. In meine Entscheidung kann ich Gott mit einbeziehen, indem ich mich im Inneren frage: »Was willst DU, dass ich JETZT tue?«

Erdnähe

Von der französischen Philosophin und Mystikerin Simone Weil stammt folgendes Zitat: »Nicht daran, wie einer von Gott redet, erkenne ich, ob seine Seele durch das Feuer der göttlichen Liebe gegangen ist, sondern daran, wie er von irdischen Dingen spricht.«

Spiritueller Himmel muss also mit der Erde verbunden bleiben. Sonst schweben wir in einer Fantasievorstellung aus unserem eigenen Leben davon. Erdnähe verhindert, dass wir es mit der Askese übertreiben. Franziskus hat seinen Körper deutlich zu wenig wertgeschätzt. Zeit seines Lebens hat er übermäßig gefastet und auch große Mühen unternommen, seine vitale Sexualität zu zügeln. Thomas von Celano, ein Franziskanermönch, der die erste Biografie über Franziskus schrieb, beschreibt eindrücklich Franziskus' extreme Kasteiungen, seine Leibeslust in den Griff zu bekommen: »Wenn ihn die Versuchung des Fleisches, wie das allen geschieht, einmal trieb, stieg er zur Winterzeit in einen Graben voll Eis und harrte da so lange aus, bis jede leibliche Verlockung wich.«

Diese immense Leibfeindlichkeit des Christentums lässt sich bis zu Augustinus, der die christlichen Westkirchen bis in unsere heutige Zeit am stärksten geprägt hat, zurückverfolgen. Augustinus bezog seine philosophischen Grundpositionen aus den Lehren Platons. Dazu zählte vor allem der Gedanke einer Zweiteilung der Wirklichkeit. Demnach besteht diese aus einer höheren Welt des Seins, die nur dem Denken zugänglich ist, und einer niederen Welt des Werdens, die den Sinnen zugänglich ist. Dieser spannungsvolle Dualismus trennt seitdem die ursprüngliche Einheit von Leib und Seele.

Im Leben vieler Menschen, die sich als besonders spirituell beschreiben würden, überwiegt häufig der geistige Aspekt. Das bedeutet nicht, dass sie besonders viel nachdenken, sondern dass sie stets leicht über dem Erdboden zu schweben scheinen und Schwierigkeiten haben, im Leben gut verankert zu sein. Die sinnenhaften Menschen hingegen scheinen wie verwurzelt in ihrem Sein. Hedonistisch und körperbezogen geben sie sich vorwiegend dem leiblichen Genuss hin. Dies auch, um den Sehnsüchten ihrer Seele nicht begegnen zu müssen.

Beide Positionen sperren das gute Leben aus. Gutes spirituelles Leben heißt, diese beiden Orte des Seins wieder zu verbinden, besonders, wenn sie durch Erziehung oder Erfahrungen auseinandergefallen sind. Wenn wir einen Pilgerweg des Herzens gehen, können sich die zerfallenen Bruchstücke unserer Seele im Laufe der Zeit wieder zu etwas für uns Gutem und Ganzheitlichem fügen.

Teresa von Avila, die Kluge, hat geschrieben: »Tu deinem Leib etwas Gutes, damit deine Seele Lust hat, darin zu wohnen.« Ein guter spiritueller Weg vermeidet den Schmerz nicht, aber er sehnt ihn auch nicht herbei. Buddha hat das als »mittleren Weg« beschrieben. Der jüdischen Gesellschaft zu Jesu Lebzeiten war das Leibfeindliche fremd, erst seit Augustinus wurde der Körper zum Feind der zu Gott aufstrebenden Seele.

Heute arbeiten wir wieder mit mehr Bewusstsein daran, Körper und Seele zu verbinden, damit in ihrer Einheit Gott in unserem Leben spürbar werden kann.

Disziplin und Ordnung

Was in La Foresta sofort ins Auge fällt, ist der große und sehr gepflegte Garten, in dem Gemüse und Obst für das Kloster angebaut werden. Heute leben im Kloster junge Erwachsene, die hier nach einem Drogenentzug ein Leben mit mehr Struktur und weniger Chaos lernen sollen. Sie bauen das Gemüse an und bearbeiten den Garten. Der Garten lehrt sie die Geduld des langsamen Wachsens und die tiefe Freude am Lebendigen. Durch Einfachheit und Arbeit kehrt so nach und nach Verankerung in ihr Leben zurück. Anstatt den schnellen Rausch erfahren zu wollen und innerlichen Verletzungen und Schmerzen auszuweichen, können sie hier einen neuen Umgang mit sich selbst und anderen lernen.

Disziplin und Ordnung können lästig sein. Es ist bequemer, einfach alles fallen zu lassen, egal, wo man geht oder steht – dies im wörtlichen, aber auch im übertragenen Sinn. Wenn das andere in den eigenen Blick fällt und ich hinschauen muss, verändere ich auch meine Sichtweise. Ich sehe die Socken, die im Wohnzimmer verteilt sind, die Schuhe, die in die Ecke gepfeffert wurden, und die Zahnpastatube, deren Verschluss nie zugeht. Indem ich auf Schuhe, Socken und Zahnpastatube schaue, verändert sich meine Haltung. Ich sehe, was ich tue, und muss entscheiden, ob ich das so weitermachen möchte oder nicht. Bleibe ich in meiner Bequemlichkeit oder verbinde ich mich mit dem, was ist? Wenn ich das wirklich tue, kann ich nicht einfach so weitermachen wie bisher. Ich sehe die liegen gebliebene Socke und den verdrehten Schuh in der Ecke des Flurs. Dann muss ich mich bücken und aufräumen. Und das macht nicht unbedingt Spaß!

Unordnung und Chaos nutzen also nur oberflächlich der Muße des eigenen Ichs. Meist habe ich hinterher nur mehr Aufwand, wieder für Ordnung und Struktur zu sorgen. Das gilt für Zimmer wie auch für Beziehungen.

Vor Jahren war ich mit meinem Bruder in New York und wir fuhren mit dem Bus in das Stadtviertel Harlem. Viele Gebäude waren verfallen, die Fenster und Türen vernagelt und die Häuserfronten mit schlechtem Graffiti beschmiert. Insgesamt war es ein sehr trostloser Anblick, der sich uns da bot. Überall standen Menschen herum, die offensichtlich nichts zu tun hatten. Ich malte mir aus, wie es wohl dort aussehen würde, wenn jeder von ihnen einen Teil seiner Zeit einfach in den Wiederaufbau der Häuser und der Vorgärten stecken würde.

Das Klosterleben und die Klosterumgebung folgen meist klaren Strukturen. Im Klosteralltag ist das die vorgegebene Gliederung des Tagesablaufs. Im Klostergarten ist es die formale Anlage der Beete und der Umgrenzungen. Ziel ist dabei immer, durch die Gleichförmigkeit der Umgebung und des Tuns die Klarheit und Ordnung des Geistes zu unterstützen.

Dabei ist die Verbindung von immer gleichen Abläufen, gepaart mit körperlicher Bewegung und sinnvoller Arbeit, an sich schon ein Segen für Geist und Körper. Der Mensch blüht auf, wenn er einem beständigen Takt folgen kann. Unsere moderne Welt hat sich vieler Rhythmen und den damit verbundenen Ritualen entledigt. Die Rückkehr zu mehr Ordnung und Einfachheit im Tagesablauf kann uns helfen, an Leib und Seele zu gesunden. Heutige Arbeitsstrukturen sind meist das Gegenteil davon: Ein Meeting jagt das nächste, eine E-Mail scheint wichtiger als die vorherige zu sein. Die Mittagspausen werden im Gespräch über eine dringende Projektsache abgehandelt, von der hastig gegessenen, industriell produzierten Mahlzeit einmal ganz abgesehen.

Dann kann es sinnvoll sein, Exerzitien zu machen oder pilgern zu gehen. Beiden geistigen Übungen liegt eine geregelte und einfache Struktur zugrunde: Vom Frühstück bis zum Abendessen folgt der Tag immer der gleichen Regelmäßigkeit, dem gleichen Ablauf. Besonders auf langen Pilgerreisen wird die Vereinfachung des Tagesablaufs wahrnehmbar. Es ist wenig zu organisieren und so bleibt viel Zeit für das Sehen, Hören und Erleben auf dem Weg.

Richtig auffallen wird das aber erst, wenn – kaum ist man zurück im Alltag – auf einmal wieder alles Mögliche organisiert werden muss: der Friseurtermin, das Treffen mit Freunden, das Abendessen mit den Kindern, und dann ist da auch noch die Frage: »Haben wir wirklich alles eingekauft für den anstehenden Neuanstrich der Küche?« Das Gehirn muss schon gleich wieder Achterbahn fahren und all die schöne Pilgerruhe ist schnell dahin.

Pilgern bringt nicht nur Ruhe, sondern hält außerdem jung und gesund, weil es die kontinuierliche Ausdauerübung ist, für die wir sonst meist zu wenig Zeit haben. Vorausgesetzt, die Füße und andere notwendige Körperteile machen mit. Das ungewohnt lange Gehen und die damit verbundenen Strapazen fordern bei vielen Pilgern ihren Tribut: Blasen an den Füßen, Fuß- und Rückenschmerzen können zum Abbruch der Reise führen. So ist das Pilgern auch eine gute Übung, das richtige Maß zu finden, das aufgrund von Zeitnot und Termindruck im modernen Leben immer mehr verloren geht. Wann habe ich sonst schon die Muße, um in meine Seele zu lauschen und zu erfahren, was sie braucht?

Schöpfung

Der moderne Mensch hat den Bibelspruch »Macht euch die Erde untertan« (Gen 1,28) leider allzu wörtlich genommen. So steht er jetzt da und beginnt die Scherben seiner leidenschaftlichen Inbesitznahme der Natur und jeglicher Kreatur zusammenzukehren. Manchen beginnt es zu dämmern, dass der Mensch Bestandteil der Schöpfung und nicht ihr Herrscher ist.

Gerade Franziskus kann uns lehren, das, was um uns ist, als ein Geschenk zu betrachten. Sein »Sonnengesang« ist voller Liebe für alles, was da ist – und sei es der eigene Tod.

Franziskus verkörpert in der männlich geprägten Welt des Mittelalters vor allem das weibliche Prinzip des Lebens: Demut und Annahme statt Macht und Kampf. Er setzt der Ausbeutung und der ungebremsten Inanspruchnahme die Geschwisterlichkeit entgegen, preist im »Sonnengesang« Bruder Sonne, Schwester Mond und Mutter Erde.

Die australischen und amerikanischen Ureinwohner haben ihre Verbundenheit mit der Schöpfung und ihre Dankbarkeit für die Gaben der Natur immer gelebt. Sie wussten noch, dass wir alle Teil eines gemeinsamen Netzes sind und jederzeit in Verbindung mit dem Leben stehen, das uns umgibt. Kein Mensch, ja, überhaupt kein Wesen ist in der Lage, völlig unabhängig zu leben. Wir brauchen die Luft zum Atmen, die uns die Pflanzen zur Verfügung stellen. Wir brauchen Regen, Sonne, Wachstum für unser Leben. Sobald ich mich als Mensch der Schöpfung unterordne und dankbar werde, verändert sich meine Beziehung zu ihr. Denn das, was ich wahrhaft liebe, kann ich nicht zerstören.

Wie herrlich kann doch der Schatten der Bäume sein, unter denen wir während der Mittagshitze sitzen können! Die Luft ist leicht, weil das Blätterdach sie kühlt. Wir werden vor allzu starken Sonnenstrahlen geschützt und unsere Kraft kehrt allmählich wieder zurück. Wie herrlich kann es sein, auf einer Mauer zu sitzen und auf einen Garten mit prächtig wachsenden Zucchini zu schauen. Brot und Käse, die wir im Rucksack mitgebracht haben, schmecken mit den sonnengereiften Tomaten köstlich. Fehlt nur der Wein!

Durch die mechanistische Betrachtungsweise der Welt, wie wir sie uns seit Newton angeeignet haben, haben wir das Wissen und das Gespür für die Schöpfung als belebtes

Wesen verloren. Das, was uns umgibt, ist wie ein Netz aus Energien, mit dem wir immerzu verbunden sind.

Peter Tompkins und Christopher Bird haben ein wunderbares Buch über die Empfindungsfähigkeit von Pflanzen geschrieben: »Das Geheimnis der Pflanzen«. Demnach können Pflanzen über Hunderte von Kilometern hinweg genau spüren, wie es ihrem Besitzer geht. In diesem Buch fasst Marcel Vogel, ein Wissenschaftler, der in den 1960er-Jahren bei IBM beschäftigt war, die Ergebnisse seiner Experimente mit Pflanzen so zusammen: »Es ist eine Tatsache: Der Mensch kann mit der Pflanzenwelt kommunizieren und er tut es. Pflanzen sind lebendige, empfindsame, mit dem All verbundene Wesen. Sie mögen im menschlichen Sinne blind, taub und stumm sein, aber meiner Meinung nach gibt es keinen Zweifel daran, dass sie äußerst sensible Instrumente sind, die die Emotionen des Menschen ›auffangen‹. Sie strahlen energetische Kräfte aus, die der Mensch fühlen kann und als angenehm empfindet. Sie dringen in unser eigenes Kraftfeld ein, das dafür seinerseits Energie zur Pflanze zurückfließen lässt.«

Und der deutsche Mystiker Jakob Böhme, der im 16. Jahrhundert lebte, so ist weiter zu lesen, war überzeugt davon, dass er sich, wenn er dies wolle, in eine Pflanze hineinversetzen und an ihren einfachen Bedürfnissen teilhaben könne. Böhme glaubte daran, in einer anderen Dimension sehen zu können, sich »mit einem froh wachsenden Blatte zu freuen« und zu fühlen, wie die Pflanze »nach dem Licht strebt«.

Gartenarbeit

Seit fast zwei Jahren habe ich einen Garten. Ich, die bisher außer mit ein paar Kräutern im Pflanztopf wenig mit Gartenbau zu tun hatte, bin nun sozusagen konfrontiert mit der Aufgabe, dem Grün eine Struktur zu geben. Der Garten des Hauses, das wir gekauft haben, war wie eine offene Wunde. Im Haus hatten wir uns sehr schnell eingelebt. Der Garten jedoch blieb erst einmal unbegangenes Land. Es war, als ob diese das Haus umgebende Fläche gar nicht dazugehörte.

Unser hochgestecktes Ziel ist es, dem Garten seine Seele zurückzugeben. In japanischen Gärten wird mit viel Aufwand die Natur so geformt, dass sie zum Ausdruck des Geistes, der Leere des Zen, wird. Das wollen wir auch erreichen. Aber wie macht man das? Die Imitation einer japanischen Landschaft in unseren bayerischen Voralpen ist nicht das, was uns vorschwebt. Vielmehr wollen wir heimische Pflanzen und Elemente nutzen. Geist ist universal und muss doch auch lokal umgesetzt werden, dachten wir uns.

Von Pia Pera, einer italienischen Journalistin und Autorin, die auf dem von ihren Eltern geerbten Gehöft die Grundsätze der Permakultur umzusetzen versucht, habe ich viel gelernt. In ihrem Buch »Die Früchte der Gelassenheit« schildert sie ihr landwirtschaftliches Schaffen in einer wunderbar poetischen Sprache und gibt dabei Hinweise zur Gartenbearbeitung.

Permakultur ist eine Form der gärtnerischen Mischkultur, die bewusst einen Gegenpunkt zu der in der industriellen Landwirtschaft vorherrschenden Monokultur setzt. Die Grundlagen basieren auf den Büchern des Japaners Masanobu Fukuoka. Seine Ideen wurden in den frühen 1980er-Jahren von Bill Mollison und David Holmgren, den Begründern des Konzepts der Permakultur, weiterentwickelt. Mollison erhielt 1981, nur drei Jahre nach dem Erscheinen seines ersten Buches, den alternativen Nobelpreis.

Die Idee der Permakultur ist einfach: Alles Lebendige bildet miteinander ein System und funktioniert nur dann gut, wenn den Bedürfnissen der einzelnen »Systemmitglieder« Rechnung getragen wird. Der Blick ist auf die Beziehungen zwischen den Elementen gerichtet und nicht nur auf die einzelnen Bestandteile. Es geht darum, eine harmonische Koexistenz zu erreichen. Permakultur ist eine Philosophie der Arbeit mit der Natur und bedeutet lang andauernde und durchdachte Beobachtung statt unüberlegter und langwieriger Arbeit. Mollison schreibt ganz im Sinne von Franziskus' »Sonnengesang«: »Im Blickpunkt oder verborgen, alles, was man braucht, um ein gutes Leben zu leben, umgibt uns: Sonne, Wind, Menschen, Gebäude, Steine, Seen, Vögel und Pflanzen.«

Dieses Denken überwindet dabei auch das linear-kausale Vorgehen, das jeder Wirkung eine direkt damit verbundene Ursache zuordnet. Das Leben geschieht in Spiralen und Kreisen, nicht in Linien. Seit der Chaostheorie wissen wir, dass der Flügelschlag eines Schmetterlings in China einen Hurrikan in Kalifornien auslösen kann. Wir wissen, aber wir spüren es nicht. Unser Bewusstsein hat Mühe, hochkomplexe, nicht direkt miteinander verbundene Geschehnisse zu verknüpfen und zu überschauen. Und was wir nicht überblicken, ist wie nicht vorhanden in unserem Kopf.

Garten Eden

Was aber sind überhaupt Merkmale eines beseelten Gartens? In der Architektur und Denkmalpflege spricht man vom *genius loci* (lat.), dem »Geist des Ortes«. Er kann sich in Stimmigkeit, Harmonie und Ruhe ausdrücken. Er kann aber auch ungute Gefühle, Bedrückung und ein leichtes Grauen verursachen. Je nachdem, von welcher Art der Geist ist, der dem Ort seinen Stempel aufdrückt.

Vor ein paar Jahren war ich in der südfranzösischen Stadt Albi. In diesem Ort hatten sich einst die wegen ihrer extremen religiösen Haltung verfolgten Katharer zurückgezogen. Deshalb wurden sie auch Albigenser genannt.

In Albi gibt es einen kleinen, an einer Kirche gelegenen Innenhof, der nur wenige Quadratmeter groß ist. In der Mitte befindet sich ein mit Steinen umfasstes Beet. Die ganze Bepflanzung ist grün und weiß, keine andere Farbe stört das Bild. Das Weiß der Blüten und das kräftige Grün der Blätter und Stängel heben sich sanft gegen die Steine der alten Ummauerung ab. Mitten in der Innenstadt ist ein Ort der Ruhe und des Friedens entstanden.

Dieses Bild habe ich vor Augen, wenn ich an unseren Garten denke. Ruhe und Frieden sollen dort beheimatet sein. Besucher sollen sich willkommen und umfangen von der Stille fühlen. Manchmal, an Sonnentagen, fangen die goldgrünen Blätter des Gartens die Strahlen der Sonne ein und ich bekomme eine Ahnung davon, dass der Geist des Ortes schon zu wirken begonnen hat.

Der Weg zu mehr Verbundenheit mit dem All-Einen muss auch zu mehr Verbundenheit mit der Schöpfung führen. Wo ist die Trennung zwischen Mensch, Luft und belebter Natur? Und wo ist Gott, wenn nicht genau da? Franziskus kann uns auf unserem Weg hierfür ein gutes Beispiel sein. Die wachsende Nähe zu seinem göttlichen Vater verband ihn immer mehr mit der gesamten Schöpfung, und Gottes Geist wurde für Franziskus transparent in allem Sein, in allen Geschöpfen.

Der Umgang mit der Schöpfung zeigt den Umgang des Menschen mit sich selbst. Ausbeutung und Gier, dieses »Immer-mehr-haben-Wollen«, gehen auf Kosten des eigenen Körpers und auch auf Kosten der uns umgebenden Natur. Die Antennen des inneren Menschen verkümmern und damit spürt er zunehmend weniger Schmerz. Ein müder Körper ist wie ein dumpfes Instrument. Schlechte Luft, ungesunde Lebensmittel, unbefriedigende Arbeit, eine angegriffene Gesundheit – all das führt zu einer Desensibilisierung, und was nicht gespürt wird und was nicht wahrgenommen werden kann, bleibt im Verborgenen.

Der gute Gott

Anstatt die Frage zu stellen, warum Gott das alles zulässt, sollten wir uns zuerst selbst fragen, warum wir das alles verbrechen. Warum schreiten wir nicht gegen diesen Machthunger und gegen diese Geldgier ein? Denn »Geiz-ist-geil« fängt zuallererst bei jedem und jeder Einzelnen an. Es geht nicht darum, eine Parzelle des eigenen Gartens oder ein Zimmer in der Wohnung für einen Obdachlosen frei zu räumen. Es geht vielmehr darum, sich überhaupt erst einmal mit den herrschenden Verhältnissen zu beschäftigen: mit der unsäglichen Umweltverschmutzung in der sogenannten Dritten Welt und den unmenschlichen Bedingungen für die Menschen in den Entwicklungsländern, die allesamt dafür zuständig sind, dass unsere Schuhe immer günstiger werden und unsere Computer immer erschwinglicher. Diese Entwicklungen führen aber auch dazu, dass wir uns in der westlichen Welt unsere eigene Lebensgrundlage zerstören, immer schlechtere Qualität bekommen und am Ende sogar unsere Jobs verlieren.

Spiritualität – sofern sie nicht nur auf das eigene Ich bezogen ist, sondern die Verantwortung vor Gott ernst nimmt – muss auch darauf ausgerichtet sein, herrschende Ungerechtigkeiten zu bekämpfen. Denn die gesamte Schöpfung und selbst unser eigenes Leben sind uns von Gott geschenkt. Erscheint uns das Eigene noch als kostbar und erhaltenswert, so hört unsere Sorge doch oft bei der Grenze zum Nachbarn auf. In den sogenannten Fragmenten der nicht bullierten Regel des Franziskus ist zu lesen:

Und alles Gute wollen wir dem Herrn,
dem Erhabensten und Höchsten,
zurückerstatten und alles Gute als sein Eigentum anerkennen
und für alles Dank sagen ihm, von dem alles
Gute herkommt.

Für Franziskus ist die Eigenschaft des höchsten Gottes *bonus* (lat.) – alles Gute, das Gute an sich. Die von Gott ausströmende Gutheit und Liebe lassen sich in der gesamten Schöpfung und in jedem Lebewesen wiederfinden. Franziskus erkennt in jedem Geschöpf das Gute wieder und das, was an ihm liebenswert ist.

Einen spirituellen Weg zu gehen heißt, in sich selbst, in der Schöpfung und in allem Sein diese Gutheit Gottes wiederzuerkennen. Es bedeutet auch, die Bruchstücke wieder zu vereinen und zu verbinden, also das Gute nicht nur in mir oder nur in den anderen zu sehen, sondern die gesamte Schöpfung als Widerspiegelung der Güte Gottes zu betrachten. In seiner Erklärung zum Vaterunser notiert Franziskus:

Du bist in den Himmeln, in den Engeln
und in den Heiligen.
Du erleuchtest sie zum Erkennen,
weil du, Herr, das Licht bist.
Du entflammst sie zur Liebe,
weil du, Herr, die Liebe bist.
Du wohnst in ihnen und erfüllst sie zur Seligkeit,
weil du, Herr, das höchste Gut bist,
das ewige Gut, von dem alles Gute kommt
und ohne den nichts Gutes ist.

Dieses Gute in der gesamten Schöpfung zu sehen und zu würdigen, macht Franziskus so einzigartig unter den Heiligen; dass er sich als Mensch in der Nachfolge Jesu nicht über die belebte und unbelebte Natur stellen, sondern ihr mit allem dienen will. Dieses Dienen ist nicht Zeichen einer Unterwerfung unter den Willen Gottes, sondern die Wirkung einer tiefen Erfahrung von Gottes Güte und seiner unbedingten Liebe allen Geschöpfen gegenüber.

Vom Haben-Müssen zum Sein

In Therapieausbildungen wird immer wieder darauf hingewiesen: Wenn die Situation in einer Therapiesitzung schwierig ist, liegt es häufig daran, dass der Therapeut zu viel Ego und Machen-Wollen hineinbringt. Das ist weder für den Klienten hilfreich noch für den Therapeuten, der sich dabei nur aufarbeitet. Zähigkeit kann ein Maßstab für zu viel Eigenwillen sein. Dann ist es gut, sich daran zu erinnern, dass Vertrauen zur Leichtigkeit verhilft. Das Gleiche gilt für unseren eigenen Weg: Wird er für lange Zeit zu zäh oder insgesamt schwerer, sind wir nicht mehr verbunden mit dem, auf den sich unser Leben gründet.

Wenn der Weg nicht zu mehr Freiheit führt, ist das Ich am Werk. Alles Wachsen zu Gott hin bringt letztlich ein Mehr an innerer Freiheit. Es geht um das Loslassen und um die vielen kleinen Tode, die unser Ego sterben muss. Dann kann sich unsere Hand öffnen und die Führung bejahen.

Nur wenn wir der Armut im Geist begegnen und ihr immer mehr Raum in unserem Inneren geben können, werden wir zu wahrhaft spirituellen Menschen reifen. An unserem Verhalten und nicht an unserem Beten wird sich zeigen, welchen Weg wir im Inneren schon zurückgelegt haben. In seinen »Ermahnungen« (Kap. 14,1) beruft sich Franziskus auf Matthäus und gibt eine heilsame Botschaft weiter: »Selig die Armen im Geiste, denn ihrer ist das Himmelreich.«

Es gibt viele Menschen, die eifrig beten und Gottesdienste besuchen und ihrem Leib viel Askese und Entsagungen auferlegen. Doch schon ein einziges Wort, das ihrem lieben Ich unrecht zu tun scheint, oder eine Kleinigkeit, die man ihnen wegnimmt, bringt sie sofort in Aufregung und macht sie aggressiv. Wer wirklich arm im Geiste ist, liebt auch jene, die ihm auf die Wange schlagen.

Armut im Geist – wir würden heute vielleicht Freiheit im Geist sagen – bewirkt, dass ich mich selbst hinten anstellen kann. Es bedeutet auch, dass ich bereit bin, die Erfahrung des Schmerzes und der Enttäuschung zuzulassen. Ich muss mich vom Leben nicht abschotten. Armut im Geist ist wie eine offene Hand, die bereit ist zu empfangen. Das drückt auch aus, dass ich damit leben kann, wenn ich nichts empfange.

Ich erlebe bei mir und anderen Menschen oft, dass wir versuchen, uns durch Reichtum, der nicht nur materiellen Besitz meint, vor dem Verletztwerden zu schützen. So, als ob wir, wenn wir nur genug darstellen oder besitzen, unangreifbar wären. Sicher nützen Geld und Wohlstand. Wenn ich nichts zu essen oder kein Dach über dem Kopf habe, heißt das ja nicht, dass automatisch alle spirituellen Probleme gelöst wären. Das Sich-abgrenzen-Müssen und der Wunsch, besser zu sein als die anderen, sind das eigentliche Problem. Wir glauben fälschlicherweise: Wenn ich besser, leistungsfähiger bin, werde ich gebraucht und keiner tut mir etwas Böses an. Ist dann aber jemand anderes besser als wir, melden sich rasch der Neid und die Angst, Privilegien zu verlieren.

Armut ist eine innere Haltung, die es mir ermöglicht, im Sein statt im Haben zu leben. Im Sein zu leben heißt, sich als Teil eines größeren Ganzen zu erleben, Verbundenheit zu entdecken, in anderen Menschen Geschwister zu sehen und sich dadurch sicher und geborgen in der Welt zu fühlen.

Im Haben hingegen bin ich auf das Behalten ausgerichtet, und meine Wahrnehmung dreht sich um mein kleines Ich, das ich schützen muss. Reichtum trennt mich von denen, die entweder mehr oder weniger haben als ich. Reichtum ist vergleichbar mit einer »geschlossenen Hand«, die das zusammenhalten muss, was sonst entrinnen könnte. Das ist anstrengend und sperrt die Welt aus. Wenn wir nur einmal kurz die Körperhaltungen das Habens und des Seins, die offene und die geschlossene Hand, simulieren und sie dann miteinander vergleichen, werden wir spüren, welche Haltung besser für uns ist.

Der Reichtum der Armut

Von meiner Reise mit Franziskus nehme ich etwas mit: In den Proviantbeutel des Alltags stecke ich etwas von seiner Hingabe an Gott und sein unerschütterliches Eintreten für die Sache Gottes. *Solo dios basta!* Nur Gott – das reicht! So hat es die heilige Teresa von Avila ausgedrückt. Wir brauchen nur Gott. Ich versuche, immer weniger zu werden, um mich in dem Großen, das Gott ist, völlig aufzulösen.

Franziskus' Armutsverständnis nehme ich mit. Wer ganz bei sich selbst ist, braucht zunehmend weniger im Außen, um sich zu definieren. Der wirklich relevante Selbstwert ist der, der ganz bloß, ganz nackt sein kann, entkleidet von allem Überflüssigen und so ganz er selbst. Für mich geht es darum, immer mehr »ich selbst« zu werden und dabei gleichzeitig immer unabhängiger von dem zu sein, was ich als mein Ich bezeichne, immer unabhängiger von meinem eigenen Willen zu sein – hin zu dem, was Gott mit mir will.

Das heißt auch, einfacher zu werden. Wer wenig braucht, hat immer mehr. Alle spirituellen Traditionen weisen den Weg aus dem Mehr-Brauchen zum Mehr-Sein. In der buddhistischen Terminologie wird das »Anhaften« genannt. Das ist ein schönes Bild: Ich hänge, klebe an etwas. Das kann Materielles sein, wie »mein Auto, mein Haus, mein Beruf«. Aber das können auch meine spirituelle Übung, meine Askese, mein entblößtes Ego sein. Letztlich geht es immer um dieses »Solo-dios-basta«. In Gott ist Sein, pures, reines Sein. Wenn ich dort ankomme, fällt alles andere ab.

Wenn ich es manchmal schaffe, in mir selbst zu ruhen, kann ich meine geeinte Seele spüren. Der Blick wird wieder offen für Schönheit, Anmut und Liebe. Das Herz weitet sich und die Hand kann sich ausstrecken. Dann frage ich mich, wie ich es wohl bewerkstelligen kann, meine mit mir selbst geeinte Seele im Alltag zu retten und zu erhalten? Wie kann ich dieses zarte Pflänzchen, das auf diesem Seelenboden wächst, hüten und schützen, damit nicht durch das Getriebe des hektischen Tages alles schnell wieder zunichtegemacht wird und mir verloren geht?

Vielleicht kann mir der chassidische Grundgedanke des geheiligten Tuns helfen: Wie ich durch das Wandern mit Gott den Weg heiligen kann, so kann ich auch meine Tätigkeiten im Alltag dem Heiligen widmen. Dadurch werden sie selbst heilig. Durch meine Intention und mein Gerichtetsein auf Gott scheint der göttliche Hintergrund auf und alles kann in diesem göttlichen Licht erscheinen.

Natürlich ist es schwer, den Fokus auf immer nur eine Aufgabe zu richten. Beim Pilgern oder bei Exerzitien ergibt sich das fast automatisch, da es so wenige Ablenkungen vom Wesentlichen gibt. Im Alltag zerren tausend Dinge an mir, Fangarme des Müssens, Wollens, Könnens. Natürlich bin ich wie jeder Mensch selbst verantwortlich dafür, wie meine Tage ablaufen. Nur zwängt das Leben die meisten Menschen in enge Korsagen, und so auch mich.

Obwohl die Menschheit alles dafür tut, effektiver zu handeln und Zeit zu sparen, haben wir alle immer weniger Zeit. Besonders für das Wesentliche bleibt immer weniger. Kurios, nicht? Der mobile Mensch ist immer einsatzbereit und umzugsfähig auf dem Sprung. Bei jeder Bewegung bleibt aber auch ein Teil der Seele in irgendeinem Umzugskarton oder in irgendeinem Verkehrsmittel liegen. Am Anfang bemerkt man es fast gar nicht. Je häufiger aber ein Teil von uns auf der Strecke bleibt, desto ärmer wird unser inneres Sein. Das Leben ist funktionell und wir erwarten von uns selbst und von anderen Menschen, dass wir im Alltag funktionieren.

Hierzu fällt mir eine schöne chassidische Geschichte von Martin Buber ein: Diese handelt von Rabbi Sussja, dessen Leben sich dem Ende zuneigt. Rabbi Sussja meint, in der kommenden Welt werde man ihn nicht fragen, warum er nicht Mose gewesen sei. Vielmehr werde man ihn fragen, warum er nicht Sussja gewesen sei.

Manchmal möchte ich ganz einfach träumerisch an meinem Schreibtisch sitzen und darauf warten, dass sich ein nächster Schritt, eine nächste Bewegung ergeben. Ich möchte einfach mit der Zeit gehen. Aber meine Arbeitstage sind durchstrukturiert, das Telefon klingelt, eine E-Mail nach der anderen kommt herein. Und wie sieht das erst aus, wenn ein Kollege oder gar mein Chef mich so verträumt und nichtsnutzig am Schreibtisch sitzen sehen? Dabei wäre diese Zeit vermutlich gerade wertvoll. Vielleicht bräuchte ich manchmal die Zeit, um dem Heiligen Geist die Tür aufzumachen.

Es ist zum Haareraufen!

Führung

Wenn ich so zurückschaue auf mein Leben, finde ich mich wieder und wieder in den gleichen Kreisen gefangen. Es scheint, als würde mein Leben einem bestimmten Muster entsprechen – ähnlich den Modeln, mit denen man früher Butter geformt hat, oder den Ausstechformen der Weihnachtsbäckerei. Und obwohl ich seit Jahren versuche, diesen Umgrenzungen zu entkommen, gelingt es mir nicht beständig. Das, was ich erreiche, ist eine Erweiterung der Linien, aber keine Aufhebung.

Es scheint, als wäre diese Form der Rahmen, in dem ich mich entwickeln kann. Auch wenn es mich traurig macht, kann ich diese Grenzen immer nur ein wenig verschieben. Seit Jahren plagen mich die gleichen Geschichten: Kopfschmerzen, wenn mir der Arbeitsdruck zu sehr im Nacken sitzt, nervöse Magenbeschwerden vor einem für mich stressigen Ereignis, Unzulänglichkeitsgefühle, die mich immer wieder an meinem Wert und Nutzen zweifeln lassen. In einem kleinen Gedicht habe ich versucht, das zum Ausdruck zu bringen, was ich mir gerade in solchen Momenten wünsche:

Mich einlassen können
Auf deinen Weg
Auf deine Fügung

Einfach gehen
Und fließen
Mit dem was du willst
Auch wenn ich
Den Sinn nicht
Sehe
Und mein Herz

Im Nebel steht.

Es geht mir darum, mich in meinen Möglichkeiten zu erfahren. Ich möchte Selbstbeschränkungen ablegen wie alte Kleider, denen ich längst entwachsen bin und die schon an manchen Stellen vom vielen Scheuern verschlissen sind. Ich will endlich zu der werden, die ich schon immer als Möglichkeit in mir gespürt habe, zu der, die ich sein kann! Und zu der will ich werden, als die ich von Gott gedacht worden bin. Ich spüre sie in mir, die Reiche, Pralle, Möglichkeitsvolle. Ich will mich in meiner ganzen Fülle erfahren, in meiner ganzen Möglichkeit.

Ich will mich mit meiner Stärke spüren, die ich zu oft an der Garderobe hängen lasse und mich dann wundere, wenn ich im schroffen Wind des Alltags zu frösteln anfange. Fügung will ich geschehen lassen. Dazu gehört auch, sich zu fügen, nicht meinen Willen und meine Vorstellungen durchsetzen zu müssen oder mich dagegen zu verwehren, dass mir Hilfe angeboten wird. Es hilft weder die Haltung des rebellischen Kindes, das schreit und auf dem Boden aufstampft, noch die des überangepassten Kindes, das alles tut, was ein anderer vorgibt. Es geht darum, zum freien Kind zu werden, Tränen zu vergießen, aber auch aus voller Kraft zu lachen. Frei sein heißt, berührbar zu sein, ohne dass ich mich vor meinen Emotionen schützen müsste.

Gott ist im Leichten wie im Schweren. Im Lachen und im Weinen. In der Geburt eines Kindes wie im Verlust eines geliebten Menschen. Freude und Leid können uns gleichsam öffnen und bereit machen für Gottes Führung. Der Geist Gottes weht in uns und kann Erstarrtes lösen, Zerbrochenes wieder verbinden und Verletztes trösten.

Ich kann lernen, mich auf Führung zu verlassen. Wenn ich geführt werde, geschehen die Dinge leicht und behutsam. Die Schritte sind meinem Tempo angepasst. Ich muss nicht stolpern und straucheln, weil es viel zu schnell geht für mich. Das sind menschliche Dimensionen. Gott ist der beste Therapeut, aber wir müssen willig sein, Hilfe und Führung zu akzeptieren. Das Universum zwingt uns nicht, sondern es stupst uns nur in eine für uns wohlwollende Richtung. Vielleicht passiert dann Fügung. Etwas Unvorhergesehenes, nicht Auszudenkendes, schier Unglaubliches kann sich ereignen. Das kann im Kleinen beginnen, zum Beispiel indem wir direkt hintereinander mehrere Menschen wiedertreffen, die wir aus unserem Leben verloren hatten. Vielleicht hält eine oder einer von ihnen eine besondere Botschaft für uns bereit.

WEGWEISER III

Für das Leben des Franziskus ist Fonte Colombo verbunden mit sowohl körperlich schmerzhaften als auch seelisch quälenden Erfahrungen. Dies ist der Ort, an dem Franziskus das beginnende Scheitern eines brüderlichen Ordensideals und die vergebliche Tortur einer Augenbehandlung erleben muss.

Auch auf unserem spirituellen Weg werden wir uns an einem bestimmten Punkt mit Fragen, die die Gemeinschaft betreffen, mit Regeln und auch deren Versagen auseinandersetzen müssen. Wo fühle ich mich zugehörig, wo möchte ich mich anerkannt wissen und welchen Preis muss ich dafür entrichten? Wen schließe ich ein und was schließe ich aus?

Scheitern und Gemeinschaft

~ Fonte Colombo ~

Jene Brüder, denen der Herr die Gnade gegeben hat, arbeiten zu können, sollen in Treue und Hingabe arbeiten, sodass sie zwar den Müßiggang, den Feind der Seele, ausschließen, aber den Geist des heiligen Gebetes und der Hingabe nicht auslöschen, dem alle übrigen zeitlichen Dinge dienen müssen.

Bullierte Regel des Franziskus-Ordens

Gehen an sich ist ein heilsamer Prozess. Das Setzen der Schritte in einem dem eigenen Körper gemäßen Tempo und der dadurch entstehende gleichförmige Bewegungsablauf kneten auf sanfte Weise die Seele durch. Gehen um des Gehens willen bringt uns zurück zum eigentlichen Menschsein. Wir eilen mal nicht zum nächsten Gespräch oder hetzen noch schnell zum Supermarkt. Nein, das Gehen an sich ist im Mittelpunkt. Beim Pilgern ist das Gehen mit Gott sogar Inhalt und Ziel des Tages, ja, der ganzen Reise.

Auch im Alltag kann das Gehen, zum Beispiel in Form eines abendlichen Spaziergangs, mehr Ruhe, mehr Frieden und mehr Spiritualität in das eigene Leben bringen. Es geht dabei weniger darum, dass wir es tun – natürlich ist das auch wichtig –, sondern es geht vielmehr um das »Wie«. Wenn ich den Abendspaziergang wie eine Pflicht hinter mich bringe, weil der Hund noch mal schnell Gassi gehen muss, ich aber bis zur Tagesschau zurück sein will, ist das nicht hilfreich.

Die richtige Haltung beim Gehen ist das absichtslose, bewusste Hier-Sein im Jetzt. Wie bei einer Sitzmeditation geht es darum, den Fokus der Aufmerksamkeit auf das zu richten, was gerade ist. Manchen Menschen fällt die Bewegungsmeditation leichter, weil sie den Körper nicht, wie beim Sitzen auf dem Kissen, zur absoluten Ruhe zwingt. Im Zen wird die Gehmeditation, »Kinhin« genannt, zwischen den Sitzperioden geübt. Dabei wird der Körper nach dem Sitzen gelockert, ohne dass die während der Meditationseinheit gesammelte Konzentration verloren geht.

Auch wenn das eigene Gehen nicht der strikten Struktur einer Gehmeditation folgt, können durch bewusstes Gehen die Konzentration verbessert und die Wahrnehmung geschärft werden. Beim langen Wandern auf einem Pilgerweg kann ein Gesundungsprozess eingeleitet werden. Ich habe von einem 80-jährigen Franzosen gehört, der den Jakobsweg zunächst in Etappen gegangen ist und zu seinem 80. Geburtstag den gesamten Weg von Santiago de Compostela nach Paris an einem Stück zurückgepilgert ist.

In Rieti wohnt eine 60-jährige Frau, die nach ihrem Herzinfarkt begonnen hat, jeden Tag die Strecke von Rieti nach La Foresta zu laufen. Dieser tägliche Lauf von ungefähr zehn Kilometern hat sowohl ihre Gesundheit wiederhergestellt als auch die seelischen Wunden, die sie in jungen Jahren erleiden musste, geheilt. Sie sagt: »Gott ist nichts anderes als der Friede mit sich selbst, der dazu führt, dass man achtsam mit allen Geschöpfen der Natur umgeht. Denn Gott ist die Natur, weil sie seine Sprache ist.«

Leiden

Der Gebäudekomplex des Klosters von Fonte Colombo gehörte zur Zeit Franziskus', wie auch das Kloster in Poggio Bustone, zur Benediktinerabtei in Farfa. Diese war jahrhundertelang eines der bedeutendsten Klöster in Europa und während ihrer Blütezeit im elften und zwölften Jahrhundert gehörten die Äbte von Farfa zu den einflussreichsten Persönlichkeiten dieser Zeit. Selbst das Mutterkloster, die Abtei von Montecassino, übertraf nicht den Reichtum Farfas. Eine mittelalterliche Chronik schreibt dem Kloster von Farfa den Besitz von 18 Städten, 315 Dörfern, 137 Burgen, 82 Mühlen sowie 683 Kirchen und Klöstern zu. Wahrhaftig ein klösterliches Imperium!

Nach einigen fehlgeschlagenen Versuchen, in den Orient zu reisen, besteigt Franziskus Pfingsten 1219 erneut ein Schiff. Ziel ist dieses Mal Ägypten, das zu dieser Zeit Schauplatz eines Kreuzzugs gegen Sultan Melek al-Kamil und die Sarazenen ist. Ein Heer christlicher Kreuzfahrer belagert die Festungsstadt Damiette an der Küste Ägyptens. Eine von Franziskus vorhergesagte Waffenruhe zwischen den Christen und den Sarazenen nutzt dieser aus, um den für seine hohe geistige Bildung bekannten Sultan Melek al-Kamil zu besuchen. Auch mit Kaiser Friedrich II. hatte der Sultan in späteren Jahren einen intensiven Gedankenaustausch.

Die Chronisten der Zeit berichten von Franziskus' großer Liebenswürdigkeit, die auch beim Sultan ihre Wirkung nicht verfehlte. Der Sultan lädt ihn ein, längere Zeit bei ihm zu bleiben, diskutiert mit Franziskus religiöse Glaubensfragen und lässt sich von ihm zentrale christliche Lehrauffassungen wie Dreieinigkeit und Erlösung erläutern. Der Sultan, tief beeindruckt von der tiefen Spiritualität seines Gastes, scheint erkannt zu haben, dass es Franziskus zuerst um die tiefe Geschwisterlichkeit aller

Menschen ging. Denn statt in den Sarazenen Teufels-geschöpfe zu sehen, die von den Kreuzrittern »zur Ehre Gottes« niedergerungen werden sollen, nimmt er auch bei ihnen wahre Gottesliebe wahr.

Auch wenn es Franziskus nicht gelingt, durch seine Predigten die Muslime zu »missionieren«, begleiten sie ihn sicher und mit allen Ehren in das Lager der Christen zurück.

Zeichen setzte Franziskus auch in Fonte Colombo. Die kleine Kapelle San Magdalena an der östlichen Seite des Hauptgebäudes des Klosters von Fonte Colombo ist ein schlichter, kaum möblierter Raum mit schönen Fresken-bemalungen, die die heilige Maria Magdalena, umhüllt von ihrem langen Haar, und die selige Kunigunde von Polen zeigen. In der linken Fensternische findet sich das rote »Tau«-Zeichen. Man geht davon aus, dass Franziskus es selbst gemalt hat.

Das »Tau« ist ein griechischer Buchstabe, aber auch der letzte Buchstabe im hebräischen Alphabet. Franziskus verwendete das »T« häufig, er malte es auf Häuser, Wände, Bäume und unterschrieb seine Briefe damit. Das Zeichen symbolisierte für ihn Segen und für seinen engsten Mitbruder Leo war es das Segenszeichen, das ihm Kraft und Trost spendete, wenn er Franziskus nicht nahe sein konnte.

Für Franziskus, der sein ganzes Wirken auf Jesus und die Bibel bezog, stand der Buchstabe auch für Erwählung. Im Buch des Propheten Ezechiel im neunten Kapitel steht das »T« auf der Stirn der Gerechten für den Schutz vor dem über die Stadt Jerusalem hereinbrechenden Strafgericht. Gott selbst hat dieses Zeichen angeordnet.

Gegenüber der Kapelle San Magdalena befindet sich die kleine Einsiedelei, in der Franziskus mit seinen Gefährten untergebracht war, wenn er sich in Fonte Colombo befand. In diesem Teil des Klosters unterzog er sich auch der

Augenoperation, die ihn von seinem Augenleiden, das er sich auf einer seiner Orientreisen zugezogen hatte, heilen sollte.

Lange Zeit lehnte Franziskus eine ärztliche Behandlung seines Leidens ab. Eine Darstellung in der Seitenkapelle der kleinen Kirche in Greccio zeigt ihn, wie er sich mit einem Taschentuch die ständig tränenden Augen reinigt. Erst 1224 überzeugte ihn ein Mitbruder, einen berühmten Arzt, der sich am päpstlichen Hof in Rieti aufhielt, aufzusuchen. Die damaligen Heilmethoden waren alles andere als zimperlich. Eine Behandlung der Schläfen mit glühendem Eisen, Aderlasse, Pflaster und Augensalbe brachten Franziskus jedoch keine Linderung. Es wird berichtet, dass er all die Qualen der Behandlung mit Gleichmut ertrug und während der Prozedur »Bruder Feuer« aus dem »Sonnengesang« anstimmte.

Franziskus ist uns ein Lehrmeister, wenn es darum geht, Leid und Schmerz nicht auszuweichen. In der Begegnung mit einem Aussätzigen, die uns überliefert ist, muss er sich zunächst selbst überwinden, denn genau wie wir empfindet auch Franziskus anfangs Angst und Zurückhaltung vor dem, was fremd, krank, unrein erscheint. Aber er bezwingt das, wovor er sich fürchtet – sei es der Ekel vor dem verstümmelten Leprakranken, sei es die Angst vor Ansteckung. Er weicht seinen Ängsten, seinen Schatten nicht aus und umarmt den leprösen Menschen.

Immer geht es bei der Suche nach dem Licht auch darum, dem Schatten zu begegnen. Den Schatten in uns, die unsere Seele und unser Herz dunkel machen. Nur zu gerne weichen wir der Finsternis in uns aus. Wir wollen gar nicht erst sehen, was sich in unseren dunklen Ecken alles verborgen hält. Der bekannte Familientherapeut Bert Hellinger hat einmal gesagt: »Leiden ist leichter, als lösen.« Lieber bleiben wir verbunden mit dem, was uns schmerzt, als uns dem Schmerz sehenden Auges, also bei Licht, auszusetzen.

Wir können uns fragen: »Vor wem oder was weiche ich aus, um was mache ich einen großen Bogen?« Wenn wir immerzu Umwege gehen müssen, weil ein alter Schmerz im Weg steht, brauchen wir viel länger, um anzukommen. Dem eigenen Leiden beständig auszuweichen, verbraucht Unmengen an Energie. Wir werden müde und ausgelaugt.

Die spirituelle Praxis besteht auch darin, vor dem eigenen Leiden, dem Schmerz und der Bitternis nicht mehr davonzulaufen. Wenn wir dies konsequent üben, ohne dem Schmerz oder einer Enttäuschung, an die wir uns wieder erinnern, entwischen zu wollen, dann erleben wir, dass wir reif genug geworden sind, damit umzugehen. Das bedeutet nicht, keinen Kummer mehr zu empfinden. Aber wir können das Leid, wenn wir es annehmen, in Licht verwandeln.

Aus dem Persischen stammt folgendes Gedicht. Es ist von Abu l'Magid Sanaj, einem großen mystischen Dichter, der zwischen 1048 und 1141 am Hof von Ghazna lebte.

ES IST EIN WUNDER

Das Schiff, mit dem wir das Meer befahren,
ist die Traurigkeit.
Geduld hält es fest, sie ist sein Anker.
Dem Sturm des Leidens sind seine Segel ausgesetzt.
Ins tobende Meer warf man mich.
Ich ertrank. Ich war tot. O Wunder! Ich lebe!
Ich fand jene Perle, die niemand findet,
als meinen Gewinn.

Sanaj

Das Göttliche, dessen sind sich alle Traditionen einig, wird uns beistehen, wenn wir uns darauf beziehen und es um Hilfe bitten. Wenn wir bereit sind, ist Hilfe nah. Dann können wir den alten Schmerz heilen und neu werden. Immer mehr Raum haben wir dann zur Verfügung. Denn Gott schenkt uns weiten Raum. Wir müssen nur die Angst vor dem Licht verlieren.

Spaziergang des Mitgefühls

Es gibt eine gute Übung, dem eigenen Schatten im Mitmenschen zu begegnen und dabei Verbundenheit in der Trennung zu erfahren. Sie wird häufig in Seminaren zur Führungskräfte-Entwicklung eingesetzt und wurde von Ed Schein, einem einflussreichen amerikanischen Organisationsberater, in den 1960er-Jahren entwickelt. Wir können einfach selbst einmal ausprobieren und beobachten, was auf diesem »Spaziergang des Mitgefühls« passiert:

* * *

Schritt 1: Suche dir einen Menschen, von dem du glaubst, dass er sehr anders ist als du. Dafür ist es zunächst hilfreich, nachzudenken, was Ähnlichkeit mit dir bedeuten würde und was du als wirklich unterschiedlich von dir bezeichnen würdest.

Schritt 2: Suche dir jemanden, der deiner Definition von »sehr unterschiedlich« entspricht, und baue eine Beziehung zu dieser Person auf, sodass du ein paar Stunden mit ihr verbringen kannst.

Schritt 3: Kehre nun zurück zu deinen Ausgangsgedanken. Was hast du erlebt? Wie unterschiedlich wart ihr wirklich? Schreibe deine Erfahrungen und Erkenntnisse auf oder teile sie jemandem mit.

* * *

Ed Schein und seine Studenten machten mit dieser Übung die Erfahrung, dass im Verlauf der Gespräche mehr Mitgefühl mit den als unterschiedlich definierten Personen entstand. Die Studenten bauten Beziehungen zu Obdachlosen, Straßenmusikern, Prostituierten, Trappistenmönchen, überführten Mördern und sterbenden Aids-Patienten auf.

Sie erkannten dabei unter anderem, dass die Unterschiede zwischen ihnen, ihrem eigenen »Ziel« und dem der ausgewählten Personen weitaus geringer waren als die Unterschiede, die sie innerhalb ihrer eigenen Gruppe erlebten. Auch konnten sie feststellen, wie weit sie von den tatsächlichen Problemen der Welt entfernt und wie begrenzt ihre Perspektiven sind. Sie erkannten, dass auch diese Menschen »reiche Leben« lebten, vielleicht sogar reicher noch als das Leben, das sie selber führten. Für manche der Studenten kam die Erkenntnis wie ein Schock.

Vielleicht können auch wir erkennen, dass es letztlich unsere Angst vor der Begegnung ist, die uns daran hindert, leichtherzig einen Schritt auf einen Menschen zuzugehen. Womöglich treffen wir auf unsere Schatten, also auf das, was wir bei uns selbst nicht sehen wollen. Lieber schieben wir unsere Vorstellung, die wir von jemandem haben, wie einen Vorhang vor den tatsächlichen Menschen und schützen uns so vor eigenem Leid. Wenn wir aber den Vorhang beiseiteschieben, kann unser Herz dem anderen Herzen begegnen. Dann löst sich unser Schatten in Mitgefühl auf – Mitgefühl für den Menschen, der uns gegenübersteht, aber auch für den Menschen, der wir selbst sind.

Gemeinschaft I

An der Wand der Klosterkirche in Fonte Colombo hängt in einem Rahmen die Originalfassung der bullierten Ordensregel, die Franziskus nach Tagen des Schweigens, des Betens und des Rückzugs hier schrieb. Diese Regel wurde im November 1223 von Papst Honorius III. anerkannt und mit seiner päpstlichen Bulle versehen.

Franziskus wollte keinen etablierten Orden gründen, sondern ihm schwebte eine Bruderschaft Gleichgesinnter vor, die ohne hierarchische Unterscheidungen existieren sollte. In seiner *Regula non bullata,* der Regel, die vom Papst nicht autorisiert wurde, schreibt er: »In gleicher Weise sollen alle Brüder gerade ... keine Vollmacht oder Herrschaft untereinander haben. Denn wie der Herr im Evangelium sagt: Die Fürsten der Völker herrschen über sie, und die Hochgestellten üben über sie ihre Macht aus, so soll es unter den Brüdern nicht sein. Wer unter ihnen der Größere werden will, der soll ihr Diener und Knecht sein. Und wer unter ihnen der Höhere ist, der soll wie der Geringere werden ...«

Das Ziel seiner Gemeinschaft war für Franziskus der spirituelle Vollzug des Lebens, wie es sich im Alltag zeigt. Das bedeutet für den Menschen, den göttlichen Hintergrund in seinen Aktionen des täglichen Lebens durchscheinen zu lassen. Franziskus' Vision, so schreibt der Franziskus-Kenner Helmut Feld, sah eine spirituelle, geisterfüllte Gemeinschaft vor, einen Orden, in dem der Heilige Geist die höchste und eigentliche Autorität ist.

Franziskus wollte zwei Jahre vor seinem Tod der Ordensregel noch den Satz beifügen: »Bei Gott ... gibt es kein Ansehen von Personen, und der Generalminister des Ordens, der Heilige Geist, ruht in gleicher Weise über dem Armen und Einfältigen.« Jedoch hatten zu dieser Zeit schon andere das Heft in die Hand genommen und die Ordensregel war bereits bulliert. So blieb Franziskus' Vision von einer wahrhaft demokratischen Ordensgemeinschaft unerfüllt – bis heute.

Gemeinschaft II

Der Mensch, ein soziales Lebewesen, findet sich sein gesamtes Leben lang in Gruppen und Gemeinschaften wieder: in der Familie, in Freundschaften, in Vereinen, in Firmen und in Organisationen jeglicher Art. Er sucht dort Aufnahme, Bestätigung und Zuwendung. Was er jedoch stattdessen häufig erntet, sind Abwertung, Zurückweisung und Frustration. Gemeinschaften strukturieren sich oft nach dem existierenden Machtpotenzial und weniger nach der gemeinsamen, gegenseitigen Unterstützung. Anstatt sich gegenseitig zu beleben und zu stärken, werden Zähne und Ellbogen eingesetzt, um eigene, teils unbewusste Ansprüche durchzusetzen.

Das war zu Franziskus' Zeiten nicht anders als heute. Die kirchlichen Würdenträger, oft politisch betriebsamer als in der Einkehr, waren an Ämteranhäufung und Machtausweitung interessiert. Klöster waren Zentren des Wohlstands und der Macht. Viele folgten dem Ruf des Klosters nicht aus spirituellen Antrieben, sondern weil sie als Spätgeborene einer Familie keinen Erbanspruch hatten und somit mittellos gewesen wären. Unverheiratete Adlige und wohlhabende Witwen zogen in die Klöster, um versorgt zu sein und weil es in der damaligen Gesellschaft kaum andere Plätze für sie gab.

Franziskus wollte eine andere Form der Gemeinschaft: einen Orden als Leib Gottes, in dem die Gemeinschaft durch jeden Einzelnen das Werk Gottes wirkt. Er wollte praktizierte Nächstenliebe und Verbundenheit im Namen des Höchsten.

Noch zu Lebzeiten musste er aber erfahren, dass diese Vision von einer unstrukturierten, nur auf den Evangelien und auf dem Wort Jesu gegründeten Gemeinschaft scheiterte. Dabei spielten er selbst und seine exzentrische Persönlichkeit eine bedeutsame Rolle. Franziskus, mit seinem unbedingten Bedürfnis, das Leben Jesu Christi nachzuleben, entfernte sich mit seinen hohen Ansprüchen immer mehr von seiner Gemeinschaft. »Er soll doch eine Regel für sich, nicht für uns machen!«, so der Provinzialmeister des Ordens zu der Zeit, als Franziskus die Ordensregel überarbeitete, und somit der Angst der Brüder Ausdruck verlieh, die Ordensregel könne zu streng und nicht im Sinne der Gemeinschaft ausfallen.

Sosehr ich auch die Gemeinschaft von Menschen schätze, so schwingt doch auch meist die Befürchtung mit, zu sehr vereinnahmt zu werden. Plötzlich ist man Teil eines großen Ganzen und das Individuelle verschwimmt. In Gruppen, Familien und Organisationen entsteht meist ein Geist, der es nicht schafft, die einzelnen Teile so zu verbinden, dass daraus etwas Größeres entstehen kann, das mehr ist als die Summe seiner Teile oder der gebündelte Wille eines Einzelnen.

Wir lernen das unter Umständen schon früh in unserer Familie und diese Prägungen behalten wir häufig bei. Der Satz: »Solange du noch deine Füße unter meinem Tisch hast«, fasst die Gemeinschaftsordnung in diesem Fall sehr treffend zusammen. Aber es müsste doch auch anders gehen, oder?

Es ist Zeit

Die Maya gelten als Meister der Zeit, wohl auch, weil sie die Ersten waren, die einen Kalender schufen, mit dem sie die Zeit strukturierten. Dieser Maya-Kalender besteht aus verschiedenen Zyklen unterschiedlicher Länge. Der wohl bekannteste ist der als »Bolopumi« bezeichnete Zyklus, der auch »die lange Nacht« genannt wird. Er beginnt im Jahr 1519, als der spanische Eroberer Hernán Cortés in Mexiko landete und somit den Beginn der unrühmlichen Kolonisation der lateinamerikanischen Indiovölker markiert. Dieser Zyklus dauerte, aufgeteilt in verschiedene Unterzyklen, insgesamt 468 Jahre. Er wurde von den Maya schon fünf Jahrhunderte vor Cortés' Ankunft als Zeit der Dunkelheit beschrieben, in der der Materialismus um sich greift und die Herzen der Menschen erkalten lässt.

Nach dieser Periode folgen im Kalender verschiedene kürzere Phasen, in denen Umwandlung passiert. Der letzte dieser kürzeren Zyklen signalisiert, dass »ein neues Kind geboren ist«. Dieses »neue Kind« wird als Möglichkeit gedeutet, dass eine neue Welt geschaffen werden kann, aber dass dieses Gebären in einer Welt des großen Chaos und Umsturzes erfolgt. Die Menschheit befindet sich mitten in ihrer dunkelsten Nacht. Wir haben es geschafft, die Welt an den Rand des Zusammenbruchs zu bringen. Das Klima kollabiert, eine Milliarde Menschen verhungern jedes Jahr, obwohl die Erde genug für alle hervorbringen könnte. Aber die Gier und der Machthunger führen immer wieder aufs Neue zu kriegerischen Auseinandersetzungen, in denen Menschen getötet werden. Und es ist unerheblich, ob man für Öl oder für eine Religion stirbt. Das Leid ist unermesslich für die, die ihre Toten betrauern müssen.

Als Gemeinschaft der Menschheit scheinen wir zu versagen. In unserer heutigen Zeit scheint es schwer zu sein, Gott zu finden und in unser tägliches Leben zu integrieren. Etablierte Religionsgemeinschaften sind für viele Menschen kein Hafen, in dem sie andocken möchten. Entweder sind sie zu starr und in einem althergebrachten Dogma gefangen oder die Botschaften der tradierten Bilder können nicht mehr vermittelt werden. Fernöstliche Lehren haben ihren Ursprung in einem anderen kulturellen Hintergrund und daher kann es Menschen aus dem Westen schwerfallen, bis auf den Grund dieser Lehren durchzudringen.

Natürlich ist die Basis aller Religionen der gleiche Gott. Wenn das nicht so wäre – was wäre dann Gott? Aber jahrtausendealte Konflikte behindern die wirkliche Ökumene.

Der Mensch von heute ist auf der Suche nach dem, was ihn und die Gemeinschaft tragen kann. Der Mensch von heute hat den Kontakt zum Himmel verloren, zu dem Himmelreich, das sich in seinem Inneren befindet und das ihn mit allem, was ist, verbindet. Vielleicht war das früher einfacher, als die Kirche noch als Vermittler einer gefügten Werteordnung ausglich. Die Kirchen haben sich aber von vielen Menschen entfernt und einfache Heilsaussagen greifen nicht mehr.

Gott und die Spiritualität sind aus Firmen, Organisationen und Familien verschwunden. Das ist einerseits gut, weil nicht eine übergeordnete Instanz als Regulator für eine gemeinschaftliche Ordnung postiert wird, in die sich die Menschen einfügen müssen und dabei ihre Unabhängigkeit verlieren. Fundamental geprägte Gemeinschaften schränken die Freiheit der Menschen ein.

Aber andererseits bedeutet Spiritualität ein Mehr an Selbstbestimmung und ein Mehr an innerer Lebensqualität. Spirituelles Leben schafft Platz in meinem Herzen und meinem Hirn. Diese Freiräume machen es leichter, im Jetzt und im Kontakt mit sich selbst und anderen Menschen zu sein.

Der Mensch ist ein soziales Wesen und sehnt sich in seinem Inneren nach einer tiefen Verbundenheit mit anderen, ohne Angst. Doch weder Selbstaufgabe noch eine Machtposition verhelfen zu diesem Gemeinschaftsgefühl. Menschsein in Gemeinschaft bleibt schwierig und ist selten dauerhaft konfliktfrei. Das Paradies des Gemeinsamen gelingt nur in kleinen Happen. Aber es kann errungen werden. Ich kenne eine kleine, wunderbare Geschichte, die dies verdeutlicht:

* * *

In einem Dorf hatte es seit Langem nicht mehr geregnet. Die Dorfbewohner hatten schon alles versucht, ohne ein Ergebnis zu erzielen. In ihrer Not riefen sie einen Mann, der als Regenmacher bekannt war. Als er im Dorf angekommen war, befahl er den Bewohnern, in ihre Häuser zu gehen. Er selbst verlangte für sich nichts weiter als Wasser und Brot, womit er sich in eine Hütte am Rande des Dorfes zurückzog. Dort blieb er drei Tage. Am dritten Tag regnete es. Auf die Frage der Gemeinschaft, was er denn getan hätte, damit es regne, antwortete er: »Als ich in euer Dorf kam, bemerkte ich die Unordnung hier und die Feindschaft untereinander. Da habe ich mich zurückgezogen und geschaut, dass ich in Ordnung kam. Als ich in Ordnung kam, kamt ihr in Ordnung. Und als ihr wieder in Ordnung wart, kam die Natur wieder in Ordnung. Als die Natur in Ordnung war, regnete es.«

* * *

Größere Kreise

Es geht um dieses »In-Ordnung-Kommen« in mir selbst, in der Gemeinschaft und in der Welt. Und es geht darum, dass wir unser aller Verbundenheit mit allem erkennen. Wir handeln als Menschen auf eine Art und Weise, als gäbe es eine objektive Welt da draußen und ein objektives Ich in mir drin. Beides ist falsch. Weder gibt es eine objektiv erlebbare Welt im Äußeren, die ich wie ein Beobachter wahrnehmen kann, noch gibt es ein fest gefügtes Ich, das ich irgendwo hinstellen kann, um es mir anzuschauen. All dies sind Konstrukte. Die dahinterliegende Wahrheit können wir nicht erfassen.

Es ist genau diese Trennung zwischen dem Ich und der Welt, zwischen mir und dem anderen, die unsere gegenwärtigen Probleme so schwierig macht. Es geht um die Erkenntnis der Einheit. Im tiefen Erkennen, dass ein Ich nicht wirklich und dauerhaft existiert und dass das Ich als geschaffenes Wesen nur in Verbundenheit überleben kann, liegen die Bereitschaft und die Notwendigkeit, über egozentrisches Handeln hinauszugehen.

Die meisten Dinge, die Menschen tun, sind auf den Drang, das Ich und seinen Fortbestand zu schützen, zurückzuführen. Dafür gibt es verschiedene Strategien, je nachdem, was ich als Erfolg versprechend erlernt habe. Einige versuchen, Kontrolle über Menschen und Situationen zu erlangen, indem sie Macht, Gewalt oder emotionale Erpressung anwenden. Andere ordnen sich unter und passen sich dem an, was von ihnen erwartet wird. Wieder andere werden süchtig und schützen sich vor ihrer Ich-Auflösung durch Zerstörung. Dem Menschen fällt es schwer, sich von seinem konzipierten Ich zu distanzieren. Dahinter stehen die bangen Fragen: »Was ist da noch, wenn ich das Ich wegziehe?« – »Welcher Abgrund erwartet mich dort, um mich zu verschlingen?«

Daraus entstehen die Kriege, die Konflikte und die Verletzungen, die wir uns gegenseitig zufügen. Wir greifen an, um nicht verletzt zu werden, und wir passen uns an, um nicht noch mehr Wunden zugefügt zu bekommen. Vieles davon wirkt auf unserer existenziellen Ebene. Dabei können wir auf der tiefsten Ebene nicht verletzt und nicht zerstört werden – dort, wo wir eins sind mit dem göttlichen Urgrund, aus dem wir kommen und in den wir wieder eingehen werden. Aber wir können das nur spüren, wenn wir unsere Ich-Grenzen überschreiten. Wenn wir auf das große Geheimnis, die große Leere und die allumfassende Liebe gestoßen sind, die der Kosmos ist.

Wir haben all dieses Chaos als menschliche Rasse generiert, und es besteht eine reale Gefahr, dass das Ergebnis all dieser Zerstörung die Auslöschung der Menschen auf der Erde sein kann. Unser Kosmos entstand vor ungefähr 15 Milliarden Jahren und der Mensch existiert darin nur so kurze Zeit, dass es wie ein Wimpernschlag in der Zeit erscheint. Saurier lebten ein paar Hundert Millionen Jahre und dennoch sind sie wieder von der Erdoberfläche verschwunden. Was garantiert dem Menschen, dass es ihm anders ergeht?

Die einzige Hoffnung besteht in der Weiterentwicklung des menschlichen Geistes hin zu einem kosmischen Bewusstsein. Das ist es, was die Maya mit der Geburt des »neuen Kindes« meinen. Der Mensch hat sich vom Primaten zum vernunftbegabten Wesen entwickelt. Auf dieser Stufe wird er nicht stehen bleiben, es sei denn, er macht sich seine Lebensgrundlage selbst zunichte.

Der Weg der Evolution führt zum kosmischen Bewusstsein, das alle Schranken des Selbst zum großen Ganzen hin geöffnet hat. Es geht um die Entwicklung von der Egozentrik zu mehr Mitgefühl, Einbindung und Liebe. Beispiele hierfür waren Jesus und Buddha, aber auch Franziskus und viele andere Heilige und Weise, die auf der Erde ihr enges Ich entgrenzen konnten. Der menschliche Geist kann sich mit dem großen Geist, der alles umfasst, verbinden. Der Weg dorthin kann über verschiedene Wege führen.

Spiralen der Entwicklung

Vielleicht vollziehen sich gerade diese Schritte der Menschheit in Richtung eines integralen, holistischen Bewusstseins. Die amerikanischen Wissenschaftler Christopher Cowan und Don Beck haben – aufbauend auf Forschungsarbeiten des amerikanischen Psychologen Clare W. Graves – das kultursoziologische Modell der »Spiral Dynamics« entwickelt, auf das sich auch Ken Wilber grundlegend bezieht. Dieses Konzept geht von einer allmählichen Weiterentwicklung der menschlichen Kultur aus, die sich, ähnlich einer Spirale, ohne absehbare Begrenzung nach oben vollzieht. Jeder Entwicklungsschritt baut auf dem vorhergehenden auf. Dabei können verschiedene Entwicklungsebenen nebeneinander existieren und in unterschiedlichen Lebensbereichen aufscheinen.

Das Konzept arbeitet mit Farben zur Beschreibung der verschiedenen Ebenen menschlicher Kulturentwicklung. Die erste Ebene, die der Farbe Beige zugeordnet ist, beschreibt grundlegende Überlebensmechanismen wie Wasser, Nahrung, Wärme, Sex und Sicherheit. Ein unterscheidbares Ich wird kaum erlebt und Formen der Gemeinschaft dienen der Lebenssicherung. Beige findet sich in den ersten menschlichen Gemeinschaften, bei neugeborenen Kindern und hungernden Massen. Der Glaubenssatz hier ist: »Tue, was du tun musst, um zu überleben.« Auf dieser Ebene ist Mitgefühl noch nicht entwickelt und der Mensch führt einen individuellen Überlebenskampf. Das vorherrschende Gefühl ist das des Ausgeliefertseins.

Die nächste Stufe, dargestellt durch die Farbe Purpur, ist von animistischem und magischem Denken geprägt. Gutes und Böses suchen die Erde heim und durch magische Praktiken versucht man Einfluss zu nehmen. Die vorherrschende Form der Gemeinschaft ist die des ethnischen Stammes. Die Geister, die Gutes und Böses verursachen, existieren in den Ahnen. Familie, Blutsbande und Vorfahren begründen die sozialen und gemeinschaftlichen Bindungen. Purpur steht für die Stämme der sogenannten Dritten Welt, für »verschworene« Gemeinschaften innerhalb großer Unternehmen, aber auch für Sportmannschaften. Hier heißt der Glaubenssatz: »Halte die Geister bei Laune und das Nest des Stammes warm und sicher.« Magisches Denken bringt die vom Gehirn wahrgenommenen Informationen und Kräfte in Zusammenhang mit äußeren Objekten und Lebewesen. Wenn der Mensch krank ist, dann ist er von einem bösen Geist besessen; gibt es ein Erdbeben, dann hat der Stamm die Götter erzürnt.

Rot beschreibt auf der nächsten Stufe das Auftreten eines Ich-Bewusstseins, das sich vom Stamm unterscheidet. Das Ich wird machtvoll, egozentrisch, heroisch. Es entwickelt sich eine feudale Gesellschaftsstruktur, in der es um Macht und Ruhm geht. Man erobert, überlistet und beherrscht. Rot findet sich bei Kindern im Trotzalter, bei James-Bond-Schurken, bei wilden Rockstars, in italienischen Mafiakreisen. Es herrscht das Gesetz des Stärkeren: jeder gegen jeden und Gott gegen alle. Auge um Auge, Zahn um Zahn. Der Glaubenssatz hier lautet: »Sei, was du bist, und mache, was du willst – ohne jede Rücksichtnahme.« Der Mensch erlebt Scham und die größte Angst ist der Gesichtsverlust. Schuld kann in diesem Stadium noch nicht erlebt werden.

Blau symbolisiert die mythische Ordnung. Das Leben hat einen gerichteten Sinn und einen Zweck. Die Ordnung wird von einem allmächtigen Gott oder einem allmächtigen Regelwerk bestimmt, das einem absoluten und unveränderlichen Verhaltenskodex folgt. Abweichungen von diesem

Kodex können »ewige« Rückwirkungen nach sich ziehen, genauso wie Belohnungen für die Einhaltung der Ordnung. Es gibt einen gütigen, belohnenden Gott und einen strafenden. Anzutreffen ist Blau im puritanischen Amerika, im religiösen Fundamentalismus, in der katholischen Kirche des Mittelalters, in der Disziplin von Singapur. Der Glaubenssatz ist: »Das Leben hat einen Sinn, eine Richtung und einen Zweck mit vorherbestimmtem Ausgang.« Auf dieser Entwicklungsstufe erkennt der Mensch zum ersten Mal, dass er sterblich ist, und sucht in der Hinwendung zu einer transzendentalen Macht Erlösung.

Auf der nächsten Entwicklungsstufe, die durch die Farbe Orange symbolisiert wird, bildet sich die Suche nach individueller Wahrheit und Sinn heraus. Es geht um Wettbewerb und persönlichen Erfolg. Die innere Autorität ist der äußeren Autorität überlegen. Der Mensch sucht nach Selbstbestimmtheit anstelle von Fremdbestimmtheit durch eine transzendentale, immerwährende Ordnung. Dies findet sich im wissenschaftlichen Denken, in Objektivität und Experiment. Die Welt wird als eine rationale und gut geölte Maschine verstanden, die man durchschauen und für eigene Zwecke manipulieren kann. Hier ist der Gedanke der Leistungsorientierung und der Gewinnmaximierung anzutreffen. Die Gesetze der Naturwissenschaft beherrschen Politik, Wirtschaft und die menschliche Gesellschaft. Orange kann in der aufsteigenden Mittelklasse rund um die Welt, an der Wall Street und im Kolonialismus erkannt werden. Das Motto hier lautet: »Handle im eigenen Interesse und spiele, um zu gewinnen. Der Zweck heiligt die Mittel und ich bin mein eigener Gott.« Es gilt, das diesseitige Leben zu genießen. Die Fähigkeit zur Selbstdisziplin hat sich entwickelt und der Mensch benötigt keine äußere Disziplininstanz mehr. Die größte Angst ist die des Kontrollverlustes und dass die gut geölte Maschine nicht mehr funktioniert. Hier existiert Materialismus pur.

Auf der grünen Ebene werden das Gemeinschaftsgefühl, die ökologische Verantwortung und der Netzwerkgedanke betont. Wichtig – sogar wichtiger als die eigene Selbstbehauptung – ist die Kooperation mit anderen. Das Ziel ist, den menschlichen Geist von Habgier zu befreien und an dessen Stelle Fürsorge zu setzen. Gefühl geht über kalte Rationalität, Vernetzung steht über Hierarchie. Entscheidungen sollen über Konsens erreicht werden, Dialog und Harmonie werden gestärkt. Grün findet sich natürlich in den ökologischen Bewegungen, in der gemeinschaftlichen Suche nach neuen Wegen, in der humanistischen Psychologie und in Therapieansätzen. Das Mitgefühl erwacht auf einer tieferen Ebene und verdrängt den Konkurrenzgedanken. Alle sollen gleichwertig sein. In einem Satz ausgedrückt: »Suche Frieden im Inneren und erforsche gemeinsam mit anderen die Dimensionen der Gemeinschaft.«

Die nächste Stufe, die erreicht wird, ist Gelb. Sie steht für Selbstausdruck, aber ohne auf Kosten anderer Menschen zu gehen. Der Mensch erkennt den beständigen Fluss des Geschehens und entwickelt das Denken in Prozessen. Es ist eine Sichtweise, die das Einzelne in den Gesamtbezug stellt. Die Welt wird als verbunden gesehen, nichts existiert wirklich unabhängig voneinander. Der Mensch erkennt seine Lage und das, was er auf den vorangegangenen Stufen der Entwicklung angerichtet hat. Gelb steht für systemisches Denken, wie es sich seit den 1950er-Jahren ausgebildet hat. Menschen, die ein gelbes Weltbild repräsentieren, sind selbstgenügsam und stellen ihre Fähigkeiten und ihren Reichtum dem Gemeinwohl zur Verfügung. So zum Beispiel der bekannte Theologe und Philosoph Albert Schweitzer.

Die bisher letzte erkennbare Stufe ist Türkis. Sie bezieht sich auf die intuitive Seinsebene. Türkis ist die Stufe der Bewusstseinserweiterung und des Wissens, dass es für den Geist keine Begrenzung gibt. Es gibt viel mehr als das, was unser Verstand begreifen kann. Auf dieser Ebene geschieht Hingabe gegenüber dem, was ist – nicht als fatalistische Lebenseinstellung, sondern als tiefe Akzeptanz und Ehrfurcht vor dem viel Größeren, in dem wir uns bewegen. Vertreter dieser Entwicklungsstufe sind Zen-Meister und Menschen, die ihr Bewusstsein auf transpersonalen Ebenen entwickelt haben. Sie sehen das Licht und es strahlt durch sie hindurch. Das Reich Gottes lebt inwendig in ihnen.

Alle Ebenen und ihre Weltanschauungen können in verschiedenen Lebensbereichen eines Menschen auftauchen. So kann jemand zum Beispiel, wenn es um seine Vorstellung von Gott geht, auf der blauen Entwicklungsstufe stehen, aber sehr ehrgeizig in seinem Sport und somit »rot« sein, und in seinem Beruf als Wissenschaftler kann er von Orange geprägt sein. Immer aber ist die Stufe des jeweiligen Lebensbereichs, in dem sich der Mensch gerade befindet, für ihn die Wahrheit und es fällt schwer, über die Grenzen hinauszudenken.

Scheitern I

Franziskus war ein erster »Grüner« und gilt heute als Schutzheiliger der Schöpfung und des Umweltschutzes. Er versuchte, seine Ideen von Gemeinschaft, Fürsorglichkeit und Hierarchiefreiheit in einer »blauen«, das heißt mythischen Gesellschaftsordnung durchzusetzen; in einer Gesellschaft, die auf der säkularen Ebene stark von feudalen Strukturen geprägt war und auf der klerikalen Ebene den allmächtigen Gott, die machtvolle Ordnung, Sünde und gerechte Bestrafung vertrat. Sein früher Tod und die heftige Depression am Ende seines Lebens sind auf diesen Kampf gegen ein nicht zu veränderndes System zurückzuführen.

Scheitern ist eine menschliche Grunderfahrung, die zumeist als äußerst schmerzlich erfahren wird. Scheitern ist auf vielen Ebenen möglich, zum Beispiel auf der psychischen: Ich kann meine Identität verlieren, indem mir entzogen wird, was ich für mich als Person als prägend und Wert gebend empfinde. Das Scheitern kann auch meine berufliche Position und die damit verbundene Anerkennung betreffen, ebenso die äußere Erscheinung, die sich altersbedingt verändert. Ich kann meinen Besitz verlieren, mein Auto oder mein Haus.

Es gibt auch ein soziales Scheitern, was im Englischen sehr treffend als *civil death,* »ziviler Tod«, bezeichnet wird. Der Mensch fühlt sich plötzlich wie unsichtbar oder möchte es sein. Die wesentlichen Gefühle hier sind die Scham und die damit verbundene Angst vor sozialer Ächtung. Dies mag gar nicht von der Umwelt beabsichtigt sein oder von ihr als so schlimm empfunden werden, aber im Herzen des Menschen, der sich diesen Gefühlen ausgesetzt sieht, brennt die Scham wie Säure.

Vor Kurzem hatte ich einen Vortrag auf einem großen Symposium zu einem Thema zu halten, das mir nicht sehr vertraut und dem gegenüber ich auch skeptisch eingestellt war. Ich war sehr schlecht vorbereitet und erschrak, als ich die vielen Menschen sah, die sich versammelt hatten. Ich hatte mit einer kleinen, intimen Runde gerechnet, aber nicht mit über 200 Zuhörern. Meinen Vortrag fand ich grottenschlecht. Schon in dem Moment, als ich anfing, mein Thema vorzutragen, hatte ich das Gefühl, den Erwartungen des Publikums nicht gerecht zu werden. Das Ganze hatte ich mir völlig anders vorgestellt und ich war froh, als ich meine letzte Folie zeigen konnte, um dann möglichst schnell zu verschwinden.

In meinem Magen ätzte dieses Gefühl des Versagens und meiner gescheiterten Erwartungen. Mein Versagen konnte ich mir selbst nicht verzeihen und ich schämte mich in der Zeit danach außerordentlich. Ich befürchtete, auf meine schlechte Leistung angesprochen zu werden, und – noch viel schlimmer – ich malte mir aus, wie die Nachricht meines Unvermögens in meinem beruflichen Umfeld die Runde machen und bis zu meinen Kollegen durchdringen würde. Im Grunde war mein misslungener Vortrag nur eine Lappalie.

Bestimmt haben manche Zuhörer meinen Vortrag als schlecht beurteilt, die meisten aber werden schon kurze Zeit danach wieder mit sich selbst beschäftigt gewesen sein und dem »Vorfall« nur wenig Bedeutung beigemessen haben. Aber ich fühlte mich wie am Abgrund und schlief mehrere Nächte lang sehr schlecht. Meine Tage drehten sich um die Angst, dass sich meine Fehlleistung herumsprechen könnte, und um mein Bemühen, mir dennoch möglichst wenig anmerken zu lassen.

Diese Zeit hat mich einmal mehr erleben lassen, dass die Angst vor der sozialen Ächtung tief einschüchternd wirken kann. Es ist die Angst vor der Auslöschung, die Angst vor dem Sterben. Das soziale Sterben ist vielleicht sogar schlimmer als das wirkliche Sterben, denn ich erlebe es mit hellwachem Sinn.

Natürlich ist Scheitern auch die Basis für Lernen und Erfolg. Es ist wie eine Revision des Gewesenen und dessen, was als veränderungswürdig erscheint. Es ist die Grundlage dafür, die Dinge noch einmal zu überdenken und einen Neuanfang zu wagen. Scheitern ermöglicht eine Neuorientierung des Handelns und ist für den Fortschritt in einer Entwicklung wesentlich.

Es ist das Scheitern an sich, das wir fürchten. Etymologisch betrachtet leitet sich das Wort »Scheitern« von »Zerschlagenes« und »in Stücke Zerfallenes« ab. Wir empfinden uns nicht mehr als heil, unsere Fassade hat einen Riss bekommen. Andere Menschen, so glauben wir, können dann durch diesen Spalt in das tiefe Innere unserer Unzulänglichkeit blicken und all die Schwächen sehen, die wir meinen vertuschen zu müssen, da wir uns nicht genug geliebt fühlen, um sie freundlich annehmen zu können.

Und es gibt da noch das unauslöschbare Scheitern, das unumkehrbar bleibt. Mit Scheitern sind hier das totale Ende, der Tod, die Auslöschung gemeint – die endgültige Trennung vom Lebenspartner, die unheilbare Krankheit, das zu Ende gehende Leben. Scheitern kann als sich nicht erfüllende Lebenshoffnung verstanden werden. Dann geht es um das Aushalten der Tatsache, gescheitert zu sein. Es geht darum, den Widerstand aufzugeben und das anzunehmen, was ist, der ganzen Unausweichlichkeit ins Gesicht zu blicken. Das ist, als würden wir wie Jesus am Kreuz rufen: »Mein Gott, mein Gott, warum hast du mich verlassen?« (Mk 15,34). In diesem Augenblick kann Erlösung geschehen. Bei aller Verzweiflung und Resignation kann der Kokon aufbrechen und uns in die Freiheit Gottes entlassen. Am tiefsten Punkt der Seelenfinsternis kann der schönste Morgen dämmern. Obwohl das Scheitern real ist und nichts diese Tatsache umkehren wird.

In der Zeit vor seiner Stigmatisierung durchlebte Franziskus diese dunkle Nacht der Seele. Er hatte scheinbar die Verbindung zu Gott verloren und war aufgrund von Zerwürfnissen unter den Brüdern von der Leitung seines Ordens zurückgetreten. Körperlich schon angeschlagen, zog er sich in die Stille auf den Berg La Verna zurück. Von außen betrachtet und im Rückblick auf das Heilige im Leben des

Franziskus verdrängen wir mit einem romantisierenden Blick gerne seine Erfahrung des Scheiterns. Doch auch Franziskus, der beständig im Licht des Herrn Wandelnde, der zu Vögeln predigte und auf dem Berg La Verna die Wundmale Jesu empfing, durchlebte ebenso das Scheitern.

Menschsein bedeutet, verletzbar, fehlbar und angreifbar zu sein. Das Heilende und das Heilige können nur in der Annahme dieser Grundbedingung menschlichen Lebens geschehen. Das zeigt sich auch bei Jesus, der gekreuzigt wird und stirbt. Ohne diesen Tod kann keine Auferstehung geschehen. Oder bei Buddha, der schwört, sich so lange nicht von seinem Platz zu erheben, bis er zum Wesenskern der Welt durchgedrungen ist. Dabei wird er von Mara, einem Dämon, der als Versucher sinnbildlich für alles steht, was Leiden verursacht, in Versuchung geführt. Buddha aber hält die Anfechtungen Maras aus und bezieht sich damit auf das Allertiefste unserer Existenz: das Heilige – nicht das Verschontwerden.

Indem wir zeitlebens immer wieder das Loslassen praktizieren, machen wir uns bereit für das große Loslassen. Wir sterben in unserem Leben viele kleine Tode. Wenn wir lernen, das auch anzunehmen als stete Gewissheit, dass uns letztlich nichts bleibt, wird uns das große Gehen leichterfallen. Die Kernfragen sind doch: »Auf was beziehe ich mich? Was ist mein Urgrund? Und ist er immer noch da, wenn alles andere weggefallen ist?«

Scheitern II

Am Anfang der Ordensentwicklung waren es einige wenige, die sich dem Leben nach dem Evangelium und einer Nachfolge Jesu verpflichtet fühlten. In einem relativ kleinen Kollektiv waren Franziskus' ungeordnete Gemeinschaftsformen einfacher zu leben. Je größer aber der Orden und somit die Zahl der Mitglieder der Gemeinschaft wurde, desto mehr wuchs auch der Wunsch nach stabilen Ordnungen. Eine erste wesentliche Veränderung erlebte Franziskus, als er von seiner Missionsreise im Orient zurückkehrte. Die Brüder hatten ein klosterähnliches Haus in Bologna gebaut, das der Provinzial als Eigentum des Ordens betrachtete.

Auch wenn sich Franziskus' treue Anhänger gegen die von seinen zwei Stellvertretern in seiner Abwesenheit herausgegebenen Erlasse wehrten, so hatten doch im Orden schon die Klerikalen die Oberhand gewonnen. Franziskustreue Anhänger wurden von der Gemeinschaft verstoßen und mussten von Ort zu Ort wandern, um dem Groll der Ordensoberen zu entgehen.

Franziskus selbst hatte sich stets um die Protektion durch die Kirche bemüht. Schon in den frühen Jahren der Bewegung hatte er sich mit seinen Anhängern zu Papst Innozenz III. aufgemacht, um die Erlaubnis zur Verkündigung des Evangeliums zu erhalten. Dann war es Kardinal Ugolino, der spätere Papst Gregor IX., der von Franziskus zum Protektor des Ordens erbeten wurde. Ugolino war aus tiefstem Herzen fromm, jedoch gleichzeitig von einem hierarchischen Herrscherinteresse durchdrungen, sodass ihm an sichtbaren Erfolgen des Ordens und an einer strafferen Organisation der franziskanischen Lebensgemeinschaft gelegen war. Er wollte vermeiden, dass die wachsende Größe des Ordens dazu führte, dass die christliche Revolutionskraft, die der Bewegung innewohnte, die Grundfesten der katholischen Kirche mit sich fortriss.

Viel größeren Schaden nahm die Bewegung jedoch durch Elias von Cortona, der nach dem Tod von Franziskus die Ordensleitung provisorisch übernahm. Er hatte sich Franziskus als einer der ersten Gefährten angeschlossen und war später mit einigen Mitbrüdern nach Syrien gezogen, um dort eine neue Ordensprovinz zu errichten. Sein großes Organisationstalent zeigte sich schon bald und er folgte Franziskus nach dessen Orientreise wieder zurück nach Italien. Bis zu Franziskus' Tod hatte er das Amt des Generalvikars inne.

Zusammen mit Kardinal Ugolino versuchte Elias von Cortona, das strenge Armutsideal des Franziskusordens aufzuweichen. Schon früh beschäftigte er sich mit den Bauplänen für eine Basilika in Assisi, die als Grabeskirche für Franziskus dienen sollte und deren Bau er schon kurz nach Franziskus' Tod in die Tat umsetzte. Damit erregte er jedoch großen Unmut bei den Brüdern, die sich als sogenannte Spiritualen dem strengeren Flügel des Ordens verbunden fühlten. Bei dem Versuch, sich mithilfe seiner Anhänger zum Generalminister wählen zu lassen, scheiterte Elias von Cortona und die Spiritualen wählten Johannes von Parenti in dieses Amt. Sein Nachfolger wurde zwei Jahre später unter großen Tumulten kein geringerer als Elias von Cortona

Elias von Cortona, weltmännisch, begabt und klug, war daran gelegen, eine ausgewiesene Position zu erringen. Er lebte wie ein Fürst und sein aufwendiger Lebensstil war kaum mehr mit den franziskanischen Idealen der Armut zu verbinden. So aß er nicht mit den Mitbrüdern, sondern für sich alleine und ließ sich sein Essen auch noch eigens von einem Koch zubereiten. Weiter weigerte er sich, ein Kapitel einzuberufen oder Provinzen zu besuchen, sondern schickte seine Geldeintreiber umher, um die notwendigen Mittel für den Bau von Kirche und Konvent in Assisi zusammenzubekommen. Mit seinen Kritikern verfuhr er nicht zimperlich: Er ließ sie züchtigen, ausweisen oder brachte sie hinter Gitter. Die immer stärker werdende Opposition zwang ihn 1239 zum Rücktritt.

Damit ist Franziskus' christliche Revolution gescheitert – und mit ihr auch sein Ideal einer spirituellen Lebensgemeinschaft in gelebter Geschwisterlichkeit ohne große Rangunterschiede. Letztlich aber ist Franziskus in seinem Orden an zu viel Blau gescheitert. Blau steht im Konzept von Beck und Cowan, das wir schon betrachtet haben, für Ordnung und Struktur durch die Bezugnahme auf eine höhere, transzendente Ordnung. Aber nicht der gütige, freiheitliche Gott steht im Mittelpunkt, sondern die strafende Instanz, die im Jenseits denjenigen belohnt, der sich gut und entsprechend der vorgegebenen Ordnung verhalten hat.

Positiv an Blau ist die Möglichkeit, in funktionierenden Strukturen von Organisation und Gesellschaft zu leben. Alles ist klar geordnet, auch, was falsch und richtig ist. Es gibt einen klaren Zweck und eine eindeutige Bestimmung in jedem Leben. Schwierig wird es, wenn sich der Einzelne oder eine Gruppe nicht in Übereinstimmung mit dem gesellschaftlichen Entwurf befindet. In der Kirche des Mittelalters führt Blau zur Verfolgung Andersdenkender. Gedanken, die nicht in das Schema passen, müssen widerrufen werden. Galileo Galilei ist dafür das beste Beispiel.

Blau steht für Autorität, Ordnung und Bestimmung. Daneben gibt es wenig Platz für die Freiheit des Geistes, christliche Geschwisterlichkeit und tätige Liebe als Kompass und Gradmesser förderlichen Lebens. Für Franziskus war Gott immer »das Gute«, das im Wesentlichen Geist Gottes ist.

Wie wäre wohl die Welt heute, wenn sich seine und damit letztlich die Ideen und Vorstellungen Jesu in Gemeinschaft und Gesellschaft hätten übersetzen lassen?

Weiter

Von Fonte Colombo führt eine Asphaltstraße bergabwärts und trifft schon bald auf die Provinzialstraße. Hier braust permanent und sehr italienisch der Verkehr und ersetzt die kontemplative Atmosphäre des Klosters durch das Geräusch vorbeirasender Autos.

Das ist fast wie ein Bild meines Lebens: Am Morgen verlasse ich achtsam meinen Meditationsplatz, entferne mich allmählich von meinem Zentrum – noch von der Stille und der Ruhe zehrend, die mir das schweigende Gespräch mit dem Höchsten gegeben hat, schlendernd und leicht. Bald schon aber treffen die ersten Mühen ein: Im Badezimmer oder in der Küche muss ich nun schnell unter Zeitdruck noch etwas vorbereiten – zum Beispiel das Fünf-Minuten-Ei, das eigentlich sechs Minuten benötigt hätte, um wirklich gut zu sein. Oder ich suche verzweifelt nach dem verlegten Pullover, den ich heute unbedingt tragen wollte.

Auf dem Weg zur Arbeit schimpfe ich schon nach der ersten Kreuzung, weil wieder mal ein Lastwagen vor mir in gemächlichem Tempo herfährt und meinen Zeitplan durcheinanderbringt. Ich werde hektisch. Meist gelingt es mir, mich wieder zurückzuholen, indem ich mich daran erinnere, warum ich meditiert habe. Dann kann ich mir einen Zipfel der Gelassenheit wieder zurückerobern.

In vielen von uns gibt es ungeheilte Kinder, missgünstige Erwachsene und herzlose Eltern, die in stressbelasteten Situationen aktiviert werden. Dann schreien die Kinder, die Eltern toben und der innere Erwachsene pubertiert. Was tun wir nun?

Einige dieser inneren Gäste sind noch nicht einmal eingeladen worden. Die Kinder, die da so unverschämt toben, sind nur zum Teil unsere eigenen. Manche von ihnen sind adoptiert oder zur Pflege da. Und vielleicht sitzt auch noch unser Gott auf einem hohen Thron und schaut sich das Treiben weise lächelnd von oben an. Ab und an hebt er die rechte Augenbraue und wir wissen: Da haben wir mal wieder in die Tonne gegriffen. Da hilft nur noch: aufräumen, rauswerfen und lernen, dass wir in der Lage sind, in uns Ordnung zu schaffen.

Manchmal wird das schmerzlich sein, und wir wollen auch nicht so gerne ganz alleine in uns sein. Wenn es uns dann auch noch gelingt, den alten Herrn auf seinem Thron, der so viel Ähnlichkeit mit unserem ungeliebten Physiklehrer hat, als Schauspieler zu entlarven, sind wir auf einem guten Weg.

Wenn es in uns leerer wird, atmet es sich freier, und der Blick kann schweifen. Von Richard Dawkins, einem Biologieprofessor aus Oxford, stammt die Theorie, dass es, genauso wie es Gene im Körper gibt, auch Informationseinheiten im Geist, sogenannte Meme, gibt. Sie bevölkern unser Gehirn und benutzen es als Wirt. Das Bewusstsein an sich ist blank, es ist nur Zeuge des Treibens unterschiedlicher Meme in einem an sich leeren Bewusstseinsraum. Jegliche Identifikation des Ichs mit einer bestimmten Idee ist also nur eine Täuschung und dient dem Fortbestand eines Mems, entspricht aber nicht der »Wirklichkeit«. Diese Theorie kommt buddhistischen Auffassungen von der Natur des Geistes recht nahe.

Ein Mem entwickelt sich zuerst durch Gefühle oder im Denken eines Individuums und wird dann durch Kommunikation weiterverbreitet. Anders als Gene sind Meme also nicht auf einen Ort beschränkt, sondern sie nutzen den geistigen Raum, um sich auszudehnen.

Man kann sagen, dass Ideen weitere Ideen erzeugen, und Gedanken erzeugen weitere Gedanken. Sie können, im Gegensatz zu Materie, nicht wieder in ihre Einzelteile zerfallen und sind so beständig. Die Mode ist ein gutes Beispiel für die Kraft der Meme. So trugen vor einigen Jahrzehnten nur Baseballspieler die entsprechenden Sportkappen und diese meist mit dem Schirm nach vorne, um die Augen vor Sonnenbestrahlung zu schützen. Irgendwie hat es sich aber einge»memt«, dass überall auf der Welt Baseballkappen von Menschen getragen werden, die, obgleich völlig unvertraut mit den Regeln des Baseballs, die Mütze wie selbstverständlich verkehrt herum auf ihrem Kopf sitzen haben.

Besonders gebildete Menschen sind stolz auf ihre intellektuellen Leistungen. Vielleicht sind aber ihre Gehirne einfach nur gute Gastgeber für Ideen und bieten diesen viel Raum. Wenn wir uns unserer »Gäste« zunehmend bewusst werden, können wir sie auch von unserem Sein trennen. Menschen sind nicht ihre Ideen und auch nicht ihre Gefühle. Wenn also unser Gehirn und unsere Gefühle nicht unser wirkliches Sein sind, was ist es dann?

WEGWEISER IV

Greccio ist womöglich das bekannteste Kloster, mit dem Franziskus verbunden wird. Hier inszenierte er als Erster eine lebendige Krippe und hat dadurch mit dazu beigetragen, die starke Tradition der christlichen Weihnachtskrippe zu begründen.

Für unseren Weg nach innen kann Greccio Symbol sein für eine neue Sicht auf die Welt. Damit verändert sich der Maßstab, auf den wir uns beziehen. Das Äußere kann zur Hülle einer lebendigen Welt des Inneren werden. Diese innere Welt, wenn wir sie uns begehbar machen, kann uns lehren, dass wir mit unserem Funken die äußere Welt etwas heller machen können.

FUNKEN TRAGEN IN DIE WELT

~ GRECCIO ~

Uscii dal mondo.
Ich ging aus der Weltlichkeit.

Franziskus von Assisi

Mir verschwindet beim Gehen die Welt. Nicht, dass sie nicht mehr da wäre, aber sie ist anders da. Vielleicht, weil ich anders da bin. Das Wandern in der Natur, das ständige Sein mit Gott kneten meine Seele durch. Meine Sinne werden geschärft und meine Gedanken verlangsamen sich. Plötzlich kann ich wieder die leichte Brise wahrnehmen, die meine Haut streichelt. Ich rieche den grasigen Duft am Wegesrand. Den Menschen, die mir unterwegs begegnen, geht mein Herz mit Freuden entgegen. In allen Augenblicken schwingt das Höchste mit und es ist mir bewusst!

Das ist so ganz anders als meine Tage im Büro, meine Abende, die vielfach ausgefüllt sind mit Abendessen, Vorbereitungen für den nächsten Tag und kleinen Arbeiten rund um Haus und Garten. Wenn ich so in meinem Alltagstrott eingewickelt bin, bemerke ich nach einiger Zeit, dass meine Seele taub und stumm wird. Es fühlt sich an, als wäre sie in eine schützende Plastikhülle mit Noppen verpackt, die man zum Transport fragiler Gegenstände benutzt oder zum Einpacken frostempfindlicher Pflanzen, um diese winterfest zu machen. Beides trifft auch auf meine Seele zu. Meine Seele schützt sich damit selbst. Aber mir geht dabei zu viel Leben verloren. Ich funktioniere. Mehr aber nicht.

Beim Gehen kehrt mit jedem Schritt mein eigentliches Ich, mein mögliches Sein zurück. Ich spüre, wie es sein kann, wenn ich in meinem Rhythmus den Tag buchstäblich begehen kann. Ich werde anders und werde doch mehr ich selbst. Es ist, als ob mein Atem tiefer wird. Meine Poren öffnen sich und die Enge, die sich um mein Herz gelegt hat, lässt nach. Ich spüre die Fülle, die immerzu da sein könnte, würde ich ihrer nur gewahr werden. Meine Schritte werden leicht. Die Liebe kommt wieder in mich zurück.

Mir fällt ein Spruch aus der Apostelgeschichte ein, in der Jesaja wie folgt zitiert wird: »Denn das Herz dieses Volkes ist hart geworden, und mit ihren Ohren hören sie nur schwer, und ihre Augen haben sie geschlossen, damit sie mit ihren Augen nicht sehen und mit ihren Ohren nicht hören, damit sie mit ihrem Herzen nicht zur Einsicht kommen, damit sie sich nicht bekehren und ich sie nicht heile« (Apg 28,27). Diesen Vers kann ich für mich persönlich so umschreiben: »Denn das Herz dieser Frau ist hart geworden, und mit ihren Ohren hört sie nur schwer, und ihre Augen hat sie geschlossen, damit sie mit ihren Augen nicht sieht und mit ihren Ohren nicht hört, damit sie mit ihrem Herzen nicht zur Einsicht kommt, damit sie sich nicht bekehrt und ich sie nicht heile.«

Wenn das Herz hart wird, sieht man nicht mehr, was wirklich ist, und man hört nicht mehr, was wirklich gesagt wird. Man hört zwar die Worte, aber der Sinn bleibt einem verschlossen. Ich höre, was ich hören will, oder ich höre gar nicht zu.

Unser Hören beruht auf Mustern aus der Vergangenheit. Ein vertrauter Stimulus erzeugt eine bekannte Antwort. Wir befinden uns inmitten unserer Gedankenwelt und agieren vornehmlich von dort aus. Otto Scharmer nennt das »Downloading«. Neue Möglichkeiten können nicht zu uns vorstoßen. Erst wenn wir die gewohnte Weise des Hörens anhalten, öffnet sich die Realität des Moments für uns. Dann werden wir offen dafür, über unsere selbst errichteten Grenzen hinauszugehen und Neuland für uns und unsere Beziehungen zu entdecken. Wir können neu werden, heil werden.

Die alten Modelle, die wir uns zurechtgelegt haben, um Situationen besser zu bewältigen, können dann beiseitegelegt werden. Natürlich waren sie praktisch und sinnvoll, denn es macht Sinn, Reaktionen zu standardisieren und Situationen nach Bekanntem zu durchsuchen. In der Arbeitswelt ist Routine zudem eine gute Maßnahme, sich nicht alles so »zu Herzen« zu nehmen.

Während meiner Studienzeit habe ich sehr häufig mit einem Füller geschrieben. Nach einiger Zeit hatte sich durch den täglichen stundenlangen Gebrauch eine deutlich sichtbare Hornhaut-Beule auf meinem rechten Mittelfinger gebildet. Gerade diese andauernden Gewohnheiten sind es, die auch das Herz verhärten können.

Wenn wir mit dem »Downloaden« aufhören, können wir die Welt bemerken, die sich außerhalb unserer gewohnten Muster befindet. Wir beginnen, die Welt neu zu sehen. Dann kann auch das Staunen beginnen. Mein Blick fällt auf eine Blume am Wegesrand und ich sehe das Wunder, das sie ist. Ich nehme ihre Schönheit wahr. Würziger Kräuterduft steigt mir in die Nase, wenn ich beim Gehen eine Pflanze streife. Einfach ein Mysterium!

Und dann werde ich wirklich bereit für die Wunder in meinem Leben. Die Wunder, die der Größte an mir wirken will. Dann kann mein Herz zur Einsicht gelangen und ich sehe die Welt aus einer anderen, einer ungewohnten Perspektive. Ich stehe vielleicht Lösungen nicht mehr im Weg.

Etwa, weil ich auf das Ergebnis verzichten kann, da ich begreife, dass es mich nicht glücklich machen wird.

Wunder können jederzeit passieren. Es wird sich vielleicht kein Berg in Bewegung setzen, aber möglicherweise rückt meine Idealvorstellung im Herzen ein klein wenig aus dem Zentrum und ich kann auf einmal etwas völlig Unerwartetes erkennen. Mein Kopf wird licht und mein Körper fühlt sich leichter an. Mit einem frischen Blick schauen meine Augen auf eine scheinbar bekannte Welt. Das ist ein Wunder. Und vielleicht hat deswegen das Wort Wandern so viel mit dem Wort Wundern gemein.

Überhaupt ist die Fähigkeit, zu staunen und sich zu wundern, für die Lebensfreude enorm wichtig. Wir gehen, Kindern gleich, mit offenen Augen durch die Welt, sind begeistert und neugierig. Ohne Neugierde stumpfen wir ab, denn alles scheint ja schon bekannt. Mit Neugierde sehen wir, vielleicht zum ersten Mal, den Faserpelz auf der Oberfläche eines Pfirsichs, in den wir gerade genüsslich hineinbeißen wollen.

Forschergeist hilft, Offenheit zu bewahren, und vermindert das Risiko, allzu schnell abzuwerten, weil etwas nicht so ist, wie wir es erwarten, oder weil es einfach ungewohnt oder anders ist. Ein Forscher hat typischerweise eine dicke Brille auf der Nase oder eine große Lupe in der Hand, um ganz genau erkunden zu können, wie fantastisch diese Welt ist. Sie ist ein riesengroßer Spielplatz voll von Möglichkeiten des Abenteuers. Stürzen wir uns hinein!

Weltlichkeit

Viele Menschen verstehen Spiritualität und den Bezug auf eine höhere Macht als eine Flucht vor der Welt. Und vielleicht ist es das auch: ein Entweichen aus der Welt, wie wir

Menschen sie uns gemacht haben. Wir sind geschäftig, profitorientiert, egobezogen und nur auf nachprüfbare Tatsachen ausgerichtet. Aber hat jemand schon einmal eine Rezession gesehen? Was man sehen kann, sind die Auswirkungen, nicht das »Ding« an sich. Etwa so ähnlich ist es doch auch mit Gott: Ihn kann ich zwar nicht sehen, aber dafür seine Wirkungen.

Spiritualität versucht, einen Gegenentwurf zur Weltlichkeit unseres heutigen Lebens zu schaffen: Es geht um den Rückzug aus einer nur materiell ausgerichteten Welt, in der Geld mehr zu zählen scheint als Hinwendung, Geschäftigkeit mehr als Hinsehen, Managen mehr als Hingabe. Die Welt ist größer und umfasst auch das Numinose. Weltlichkeit ist sozusagen eine Verengung des Blickwinkels: Alles, was nicht belegbar ist, und alles, was der Empfindsamkeit und Feinsinnigkeit bedarf, blende ich aus. Die Sicht aus der Brille der Weltlichkeit ist grobkörnig, oft verlieren wir dabei den Blick auf das Wesentliche. Das wirklich Wichtige ist nicht laut, sondern leise, oft nur ein »sanftes Säuseln« Gottes in unserer Welt. Die Geschichte des Propheten Elija am Berg Horeb, die im ersten Buch der Könige erzählt wird, illustriert dies wunderbar:

***

Elija prophezeit dem Volk Israel eine Dürreperiode als Strafe Gottes, da sich Israel von Gott abgewandt hat und nun Baal, dem Gott der Phönizier, huldigt. Die Verehrung Baals war mit Isebel, der Gattin des Königs Ahab, ins Land gekommen und sein Kult hatte sich dort etabliert.

Baal gilt als der Gott des Regens und der Fruchtbarkeit. Elijas Kampfansage an Baal, es werde eine Dürrezeit hereinbrechen, führt dazu, dass er selbst fliehen muss, da König Ahab ihn im ganzen Land suchen lässt. Der Herr fordert Elija daraufhin auf, sich

Ahab zu zeigen. Die Begegnung zwischen Ahab und Elijah endet schließlich in gegenseitigen Schuldzuweisungen am Unglück der Trockenheit und steuert auf eine Machtprobe auf dem Berg Karmel zu.

Elija versammelt das Volk und die 450 Baal-Priester am Berg, um durch ein Brandopfer zu beweisen, wer der wahre und einzige Gott Israels sei. Sowohl Elija als auch die Anhänger Baals opfern jeweils einen Stier. Dann rufen beide Parteien den Namen ihres Gottes, der das Feuer entfachen soll. Die Baal-Priester beten bis zum Mittag und tanzen hüpfend um den Altar, den sie errichtet haben. Aber nichts rührt sich. Elija verspottet sie:»Ruft lauter! Er ist doch Gott. Er könnte beschäftigt oder verreist sein. Vielleicht schläft er und wacht dann auf.« Dies bringt die Anhänger Baals nur noch mehr auf. Sie schneiden sich – wie es ihr Brauch ist – mit Schwertern und Lanzen ins eigene Fleisch, sodass das Blut an ihnen herabfließt. Aber es passiert nichts.

Daraufhin fordert Elija das Volk auf, zu ihm zu treten. Er errichtet aus zwölf Steinen einen Altar, legt Holz und den in Stücke zerteilten Stier darauf. Um den Altar zieht er einen Graben. Elija befiehlt, vier Krüge mit Wasser über das Brandopfer und das Holz zu gießen, bis alles durchtränkt und auch der Graben mit Wasser angefüllt ist.

Elija betet zu Gott. Da kommt das himmlische Feuer des Herrn herab, verzehrt das Opfer und sogar das Wasser im Graben. Das Volk erkennt Gott und wirft sich nieder. Elija befiehlt daraufhin:»Ergreift die Propheten des Baal! Keiner von ihnen soll entkommen.« Alle 450 Priester werden getötet.

Nachdem Königin Isebel davon erfahren hat, schwört sie Rache. Elija wird von Panik ergriffen und macht sich davon. In der Wüste setzt er sich unter einen Ginsterstrauch und wünscht sich den Tod. Er schläft ein und wird vom Engel des Herrn angehalten zu essen. Wieder döst er ein und der Engel kommt abermals und fordert ihn auf, er solle etwas essen und trinken. Gestärkt durch die Nahrung wandert er 40 Tage und Nächte durch die Wüste. In einer Höhle, in der er die Nacht verbringen will, spricht Gott ihn an, fragt, was er denn hier wolle. Bitter beklagt sich Elija darüber, dass er für die Sache des Herrn gekämpft hätte, nun aber alleine zurückgeblieben sei und ihm auch noch nach dem Leben getrachtet würde. Der Herr fordert ihn auf, vor die Höhle zu treten.

In der Bibel ist an dieser Stelle zu lesen: »Ein starker, heftiger Sturm, der die Berge zerriss und die Felsen zerbrach, ging dem Herrn voraus. Doch der Herr war nicht im Sturm. Nach dem Sturm kam ein Erdbeben. Doch der Herr war nicht im Erdbeben. Nach dem Beben kam ein Feuer. Doch der Herr war nicht im Feuer. Nach dem Feuer kam ein sanftes, leises Säuseln« (1 Kön 19,11–12). Da verhüllte Elija sein Gesicht und trat an den Eingang der Höhle.

* * *

Gott ist als jenes »sanfte, leise Säuseln« wahrnehmbar. Gott, der Windhauch. Gott, der uns beseelende Atem. Gott ist nicht der strafende, zürnende Gott, der uns einschüchtern und in Zaum halten will, sondern der Gott der Gnade. Er ist der Hauch, der in uns eingeht und unsere Seele gesund macht. Das Göttliche klopft leise an, zart und lautlos. Es ist mehr ein Fragezeichen als ein Punkt.

Dazu fällt mir eine schöne chassidische Geschichte ein: Ein Schmied will sich selbstständig machen. Er kauft einen Amboss, einen Hammer und einen Blasebalg und macht sich an die Arbeit. Ohne Erfolg. In der Schmiede rührt sich nichts. Ein alter Schmied, den er um Rat fragt, erwidert ihm: »Du hast alles, was du brauchst – nur der Funke fehlt.«

Wenn wir in uns hineinhören, können wir das leise Knacken des Holzes vernehmen, das entzündet werden will. Wenn wir dem Funken eine Möglichkeit geben, sich und uns zu entzünden, können wir das Weltliche verbrennen. Dann nehmen wir wahr, was das Wesentliche ist. Mit einem Bild verglichen: Dann richten wir unsere Aufmerksamkeit ganz auf die klare Luft des frühen Morgens und spüren die kühle Brise, die an unseren Nasenlöchern beim Einatmen vorbeistreift.

Hierzu noch eine kleine Geschichte: Ein Rabbi fragte einst: »Wo wohnt Gott?« Die gelehrten Männer, die mit ihm waren, lachten und fragten: »Wie redet Ihr? Die Welt ist doch voll seiner Herrlichkeit!« Der Rabbi aber beantwortete seine eigene Frage mit den Worten: »Gott wohnt dort, wo man ihn einlässt.«

Welt

Wir können das Profane mit dem Heiligen verbinden, indem wir lernen, jede alltägliche Handlung in Achtsamkeit auf das Heilige auszuführen. Dazu braucht es nur die Ausrichtung und die Intention, denn das Göttliche ist jederzeit in der Schöpfung. Wenn unsere Sinne frisch sind und die Hingabe an den göttlichen Funken wach, können wir uns in die Welt mit wahrer Be-»Geist«-erung hineinstürzen.

In der chassidischen Vorstellungswelt ist die Schöpfung gänzlich von Gott durchdrungen, die ganze Welt voller Funken seiner geheimnisvoll verborgenen Anwesenheit. Das kommt auch in dem Satz des Thomasevangeliums gut zum Ausdruck: »Spaltet ein Stück Holz – ich bin da. Hebt den Stein auf, und ihr werdet mich dort finden.« Der Mensch hat demnach die Aufgabe, diese verstreut liegenden »Funken« zu suchen und sie wieder mit Gott zusammenzubringen.

Diese verborgene Gegenwart Gottes in der Welt wurde im Hebräischen *Schechina*, »Wohnstatt« Gottes, genannt. Auf die Bereitschaft des Menschen, zu hören und zu sehen, kommt es an. Das jeweils Gegenwärtige hat dabei höchste Priorität, wie es Martin Buber treffend beschreibt: »Auch die profanste Handlung kann in Heiligkeit getan werden und wer sie in Heiligkeit tut, erhebt die Funken. In den Kleidern, die du anziehst, in den Geräten, die du verwendest, in den Speisen, die du issest, in dem Haustier, das sich für dich müht, in allem sind Funken verborgen, die nach Erlösung bangen, und gehst du mit den Dingen und Wesen mit Sorgfalt, Wohlwollen und Treue um, erlösest du sie, Gott gibt dir die Kleider und Speisen, die zur Wurzel deiner Seele gehören, damit du die Funken in ihnen erlösest.«

Keiner von uns muss ein Heiliger sein oder ein Weiser. Es reicht, wenn wir alle Handlungen, die wir ausführen, mit ganzer Kraft und Achtsamkeit und mit heiliger Intention verrichten. Mit dieser heiligen und heilenden Intention werden Gott und *Schechina,* Ewigkeit und Zeit verbunden. Dann wird uns das zur Welt.

Es geht darum, sich das Herz nicht durch die Dinge und die Wesen verhärten zu lassen, sondern gerade in ihnen und mit ihnen den Weg zu Gott zu finden. Gemeint ist also, dass ich die Blase am Fuß und den fehlenden Wegweiser nicht als Ärgernis und Hemmnis auf meinem Weg empfinde, sondern gerade darin einen möglichen Pfad zu Gott entdecke. Was ist der Sinn dahinter und welche Möglichkeit und Aufgabe kann gerade dort für mich ruhen? Dazu passt die folgende Geschichte:

***

Ein Mann, der im Licht einer Laterne augenscheinlich etwas sucht, wird von einem anderen Mann beobachtet. Der Suchende bückt sich beständig und tastet mit seinen Augen den gesamten Boden ab. Nach einiger Zeit fragt ihn der Beobachter, was er denn suche. Daraufhin entgegnet der Suchende: »Ich suche meinen Schlüssel, aber ich kann ihn nicht finden.« »Ja, guter Mann, wo hast du ihn denn verloren?«, fragt der andere. »Dort vorne«, erwidert der Sucher. Und auf die Frage, warum er dann nicht dort suche, gibt er die Antwort:»Ja, weil es hier hell ist.«

* * *

Auch wir suchen oft an Orten, die uns hell erscheinen, weil wir sie kennen, weil wir uns an dem orientieren, was andere uns vorgeben. Aber wir suchen nicht dort, wo wir finden können. Und wir haben oft ein bestimmtes Bild davon, wie wir etwas finden können. Dabei überrascht uns Gott fast immer mit einer zuvor nicht geahnten Entwicklung, die dann zwar nicht unserer Vorstellung von der Lösung entspricht, die uns aber genau das schenkt, was wir uns ersehnten.

Weihnachten

Franziskus war, so sagt man, gerne im Dorf von Greccio. In der kleinen Kapelle neben der Pfarrkirche, die sich am Marktplatz befindet, wird ein Stein aufbewahrt, auf dem Franziskus, wenn er predigte, gestanden haben soll. Das Kloster selbst ist ungefähr einen Kilometer von Greccio-Dorf entfernt.

Greccio ist vor allem als das zweite Betlehem bekannt geworden, nachdem Franziskus dort drei Jahre vor seinem Tod die erste lebendige Weihnachtskrippe inszenieren ließ. Der erste Franziskus-Biograf, Thomas von Celano, hat uns das Geschehen überliefert. Demnach geschah Folgendes:

* * *

Etwa zwei Wochen vor Weihnachten ließ Franziskus einen Mann namens Johannes zu sich kommen und sagte:»Wenn du möchtest, dass wir in diesem Jahr in Greccio Weihnachten feiern, dann geh schnell an die Vorbereitungen und tu genau das, worum ich dich bitte. Ich möchte die Erinnerung an das Kind wachrufen, das in Betlehem geboren wurde, und so greifbar wie möglich mit eigenen Augen die schmerzlichen und ärmlichen Umstände sehen, worunter es zu leiden hatte. Ich möchte sehen, wie es in der Krippe auf Stroh zwischen Ochs und Esel lag.« Johannes bereitete alles so vor, wie Franziskus es ihm aufgetragen hatte.

Der Tag kam näher. Aus vielen Orten waren die Brüder gerufen worden. Die Menschen aus der Umgebung sorgten froh für Kerzen und Fackeln, um Licht in die Nacht zu bringen, in der das Licht geboren wurde. Schließlich kam auch Franziskus. Er sah mit großer Freude, dass für alles gesorgt war. Die Krippe wurde bereit gemacht und mit Stroh ausgelegt. Ochs und Esel wurden herbeigeholt. Hier gab man der Einfalt die Ehre, hier sang man das Lied der Armut und pries die Demut. Greccio wurde zum neuen Betlehem. Die Nacht war hell wie der Tag, zum Entzücken für Mensch und Tier. Und so kamen die Männer und Frauen, voller Freude darüber, dieses Geheimnis auf diese neue Art und Weise feiern zu können. Der Wald hallte von Stimmen wider und die Felsen warfen ihren Klang zurück. Die Nacht war von Jauchzen und Jubel erfüllt.

***

Der Kirchenneubau des Klosters, in den späten 1950er-Jahren entstanden, ist ein Ausbund an Nichtssagendem und in etwa so spirituell wie ein funktioneller Kaufhausbau deutscher Innenstädte. Das Klosterareal selbst mutet von Weitem trutzburgisch, ja fast tibetisch an. Wenn man sich dem Kloster nähert, ist jedoch das Erste, was einem begegnet, ein übergroß dimensionierter Parkplatz. Dann folgt die neu gebaute Kirche, in der mehrere Krippen ausgestellt sind. Um sie herum stehen viele Italiener, die voller Begeisterung »Ah!« und »Oh!« rufen. Stets zeigen sie dabei auf das süße Jesuskind im Stroh. Für die italienischen Touristen steht

Greccio für die Vorstellung von einer süßen, »herzigen« und vor allem kitschigen Weihnacht.

Aber es geht nicht um das Süße. Dies ist eine oberflächliche Verniedlichung eines menschgewordenen Gottes, der in die Welt kommt, als sie in Chaos und Hoffnungslosigkeit zu versinken droht. Das muss man sich einfach erst mal vorstellen: Die hochschwangere Maria und ihr Mann Josef suchen spät am Abend nach einer Unterkunft in einer völlig ausgebuchten Stadt. Wer das schon einmal auf einer Reise erlebt hat, weiß, dass das kein Spaß ist. Müde und ausgelaugt sehnt man sich nach einem Ruheplatz und etwas zu essen und zu trinken.

Erfahrene Pilger kennen dieses Gefühl, nach einem langen Wandertag auf der Suche nach einem Herbergsplatz zu sein. Meist liegen die verschiedenen Unterkünfte auch nicht akkurat wie die Perlen auf einer Perlenschnur nebeneinander. Nein, fast immer bewegt man sich in einer Art Zickzack durch das Dorf oder die Stadt, um irgendeinen Platz zu finden. Die Füße schmerzen, der Rücken ist lang vom Tragen des Rucksacks und der Spannungspegel, auch gegenüber den Mitpilgernden, verstärkt sich spürbar. Mutlos und schachmatt fühlt man sich dann, keinesfalls hochgestimmt.

Im Falle von Josef und Maria wird es am Ende ein Stall, der sicher nicht italienisch-romantischen Vorstellungen entsprach, zumal die Tiere nicht den Duft von Bratäpfeln, sondern den Geruch von Exkrementen verbreitet haben. Das ist nicht herzig. Und eine Geburt mitten in einem Stall, mit Geburtsschmerzen und Blut, ist gewiss nicht lieblich. Es ist die raue Wirklichkeit. Aber wer will schon die Realität sehen, wenn er selbst mittendrin steckt?

ADVENTSKALENDER

Er wird kommen,
so sicher wie das Fallen der Blätter im Herbst.
Eines Nachts, wenn der Novemberwind
Alle Bäume bis auf die Knochen gehäutet hat,
und die Erde
Am Moder erstickend erwacht,
in sanften Faltungen des Leichentuchs.

Er wird kommen wie der Frost.
Eines Morgens, wenn die krumpfende Erde
Sich dem Nebel öffnet, um sich wieder zu finden
Im Netz
Einer fremden, schwertbehangenen Schönheit.

Er wird kommen wie die Dunkelheit.
Eines Abends, wenn das berstende Rot
Der Dezembersonne das Tuch herabzieht
Und das Auge verhüllend sich unterwirft
Den sternbeschneiten Himmelsfeldern.

Er wird kommen, wird kommen,
wird kommen wie Weinen in der Nacht,
wie Blut, wie Bruch,
die Erde sich windend, um ihn zu gebären.
Er wird kommen wie ein Kind.

Rowan Williams, Erzbischof von Canterbury

Das ist die weihnachtliche Botschaft: Auch in tiefer Armut, unter unwürdigen Umständen, in Not und Verzweiflung kann das Kind geboren werden. Das Kind, das die Rettung verheißt und uns die Nachricht überbringt, dass wir alle Gottes Kinder sind. In uns ist der göttliche Funke, um ein Feuer zu entfachen. Wir brauchen dazu keinen Prunk und keine Reichtümer. Wir sind es selbst, die gefordert sind. Das ist auch die Botschaft des Franziskus in der Weihnachtsnacht von Greccio: Jesus ist genauso arm wie wir, genauso bedürftig wie wir. Obwohl er Gottes Sohn ist. Es geht um diesen uns innewohnenden göttlichen Funken, dem wir folgen müssen, um zufrieden zu werden. Es sind nicht die Umstände, die uns glücklich machen.

Intention

Was bewirkt, dass Vorhaben glücken oder zumindest so verlaufen, dass ich mit dem Ausgang zufrieden bin, und mein Umfeld auch? Wie hat es Franziskus geschafft, dass die Bauern und die Bewohner von Greccio die Geburt Jesu in ihren Herzen feiern konnten und diese Nacht von Jauchzen und Jubeln erfüllt war? Was können wir Menschen tun, um endlich eine Welt zu gestalten, in der Hunger und Armut, Leid und Schmerz gelindert werden?

Die Basis der fünf großen Weltreligionen ist der Glaube an einen guten Gott oder zumindest an ein den Menschen gegenüber freundliches und unterstützendes Prinzip. Was erklärt dann, dass Gutes und Böses dennoch in der Welt stets präsent sind? Und was hindert uns ganz persönlich daran, unserem inneren Kompass des Guten zu folgen und Böses zu vermeiden? Ich meine damit sowohl das kleine Böse, das in Gestalt des Verneinens, des Abwertens, des Urteilens und des Verletzens daherkommt, als auch das große Böse, das bewirkt hat, dass im letzten Jahrhundert unzählige Menschen durch Kriege, Verfolgungen und Pogrome getötet wurden.

Jeder von uns ist verantwortlich für diese Welt. Nur wenn jeder Einzelne sein inneres Haus in Ordnung hält, kann Friede auf der Welt einkehren. Da nützt es wenig, mit dem Finger auf andere zu zeigen. Ganz schnell hat man sich in den trügerischen Gaukeleien des eigenen Egos verfangen. Deshalb ist es so wichtig, nicht nur auf sich selbst zu bauen, sondern sich zu vernetzen mit dem größeren Ganzen, das uns trägt. Dann kann es vielleicht glücken, dass das, was wir tun, dem Ganzen dient und nicht nur uns und den Menschen, die uns ähnlich sind.

Der ehemalige Präsident eines amerikanischen Versicherungskonzerns, William O'Brien, hat das so ausgedrückt: »Der Erfolg einer Intervention hängt von der inneren Befindlichkeit des Intervenierenden ab.« Was O'Brien vornehmlich auf Eingriffe im Wirtschaftsbereich bezogen hat, kann auf alle anderen Bereiche menschlichen Lebens ausgedehnt werden. Das, was im tiefen inneren Bereich des Herzens wirkt, wird auch in meinem Leben und in dem anderer seine Wirkung zeigen. Es wird in dem auftauchen, was ich bewirke.

Menschen, die tun, was sie sagen, und das auch tief in ihrem Inneren so meinen, strahlen Authentizität aus. Wir vertrauen ihnen, weil wir spüren, dass dieser Mensch »heil« ist. Er strahlt Klarheit aus und oft sieht er auch so aus. Es scheint, als wäre er von allem Zwiespältigen gereinigt und befände sich in der Einheit mit sich selbst.

Über den heiligen Benedikt, den Gründer des Benediktinerordens, schreibt dessen Biograf Papst Gregor der Große: »In der Gegenwart Gottes war er bei sich selbst daheim.« Da scheint etwas auf von der Ruhe eines Menschen, der in sich gefestigten Grund gefunden hat. Er war bei sich selbst daheim, zu Hause in seinem eigenen Herzen.

Da wir immer noch in den Konzepten des Newton'schen, mechanistischen Weltbildes verfangen sind, fällt es uns schwer, anzuerkennen, welche Kraft des Geistes in jedem von uns wohnt. Die moderne Physik aber hat gezeigt, dass der Ausgang quantenphysikalischer Experimente vom Beobachter selbst abhängt, von dessen Wunsch und Vorstellung. Wir können bewirken, dass Lichtteilchen ihre Form ändern! Und noch spannender sind Versuche, die gezeigt haben, dass der Beobachter, der erst am Ende des Experiments eingebunden ist, rückwirkend, sozusagen in der Vergangenheit, bestimmen kann, wie sich das Lichtteilchen verhält, unabhängig davon, welche Form es zu Beginn hatte.

Eine Anerkennung der geistigen Welt, in der wir fortwährend leben, bedeutet auch, mehr Verantwortung für das zu übernehmen, was um uns herum geschieht. Dann sind es nicht mehr die Umstände, sondern ich bin mit ihnen verbunden. Das muss man nicht mögen, aber dennoch ist es so. Und es ist die einzige Möglichkeit, etwas zu verändern – in meinem Leben, in dem anderer, auf der Welt, in der Kirche, im Büro, in der Familie.

Berührend finde ich folgenden Text, der Nelson Mandela zugeschrieben wird. Bei seiner Antrittsrede als erster schwarzer Präsident Südafrikas soll er ihn gesprochen haben. Diese Worte spiegeln unseren Unglauben, Kinder Gottes zu sein, und unsere Angst, wirklich groß zu sein, wider:

Unsere tiefste Angst ist nicht,
dass wir unzulänglich sind.
Unsere tiefste Angst ist,
dass wir grenzenlose Macht in uns haben.
Es ist unser Licht und nicht unsere Dunkelheit,
vor dem wir uns am meisten fürchten.
Wer bin ich schon, fragen wir uns,
dass ich schön, talentiert und fabelhaft sein soll?
Aber ich frage dich, wer bist du, es nicht zu sein?
Du bist ein Kind Gottes.
Dich kleiner zu machen, dient unserer Welt nicht.
Es ist nichts Erleuchtendes dabei,
sich zurückzuziehen und zu schrumpfen,
damit andere Leute nicht unsicher werden,
wenn sie in deiner Nähe sind.
Wir wurden geboren, um die Herrlichkeit Gottes,
die in uns ist, zu offenbaren.
Sie ist nicht nur in einigen von uns,
sie ist in jedem von uns.
Wenn wir unser eigenes Licht strahlen lassen,
geben wir unbewusst unseren Mitmenschen
die Erlaubnis, dasselbe zu tun.

Heil werden heißt auch, diese Scheu, wirklich wirksam zu sein, abzulegen. Wenn Gott mehr im eigenen Leben präsent wird, erfahrbar ist und ansprechbar für mich, dann kann ich fragen: »Was willst DU, dass ich tue?« Dann finde ich in meinem Herzen einen Widerhall seines Willens.

Das heißt auch, den Funken zuzulassen, der in uns allen angelegt ist, ihn anzuhauchen mit unserer Intention, damit er zu glühen beginnt. Dann kann die Welt Feuer fangen in uns und wir können sie zum Besseren verändern. Wenn wir bereit werden, uns und unser Denken zu verändern, dann wird es möglich, dass sich auch das Außen dem beugt.

Funken

Von dem inzwischen verstorbenen Milton Erickson, einem der führenden amerikanischen Psychotherapeuten des letzten Jahrhunderts, wird eine Therapiegeschichte erzählt, die sehr gut dazu passt. Erickson war an den Rollstuhl gefesselt, litt an Kinderlähmung und anderen Gebrechen, seine therapeutischen Sitzungen aber waren gefüllt mit Funken, wie die folgende Begebenheit zeigt:

***

Eine junge Frau kam eines Tages zu Milton Erickson, legte ihm ein Bündel Dollarscheine auf den Tisch und gab ihm zu verstehen, dass dies ihr letztes Geld sei. Sie wolle bei ihm eine Therapie machen und sich dann das Leben nehmen. Die junge Frau erzählte Erickson von ihrem Leben, in dem das meiste nicht so lief, wie sie es sich wünschte. Einige Partnerschaften waren schon gescheitert, die letzte erst vor ein paar Wochen, und beruflich klappte es auch nicht gut. Der Kollege, mit dem sie das Büro teilte, grüßte sie nicht einmal mehr und tat insgesamt so, als ob sie Luft wäre. Sie schob das darauf, dass sie abstoßend wirke, nicht zuletzt wegen ihrer Zahnlücke.

Erickson hörte sich das alles an und bat die junge Frau daraufhin, mit ihm zusammen auf den Hof zu gehen, wo ein Brunnen stand. Er forderte sie auf, Wasser aus dem Brunnen zu schöpfen, es in ihren Mund zu füllen und zu versuchen, das Wasser fontänengleich durch ihre Zahnlücke hinauszustoßen. Die junge Frau wird wohl ihre Zweifel gehabt haben, was das denn mit ihren Problemen zu tun hätte, folgte aber Ericksons Aufforderung. Dieser übte mit großer Geduld diese Aufgabe mit ihr, bis sie, zu ihrem eigenen Erstaunen, eine hohe Zielfertigkeit darin erreichte.

Daraufhin forderte Erickson sie auf, bei der nächsten Gelegenheit diese neu eingeübte Fertigkeit ihrem Arbeitskollegen vorzuführen. Danach solle sie das Zimmer ohne jede weitere Erklärung verlassen. Die junge Frau, die sich von ihrem Kollegen so stark gekränkt fühlte, dass sie sogar über Suizid nachdachte, zögerte kaum und tat, was Erickson ihr aufgetragen hatte. Und siehe da: Zum ersten Mal ergab sich überhaupt ein Gespräch mit dem Kollegen! Von nun an sprachen die beiden häufiger miteinander und trafen sich sogar privat.

Nach ein paar Jahren traf ein Brief mit einem Foto bei Milton Erickson ein. Auf dem Bild war eine Familie zu sehen, die Eltern und vier Kinder. Zwei der Kinder hatten Zahnlücken. Unter dem Bild stand: »Wie du sehen kannst, Milton, sind zwei meiner Kinder mit einer Zahnlücke gesegnet.«

* * *

Dieses Beispiel lehrt uns: Funken können überall entzündet werden. Was letztlich daraus wird, liegt dann nicht mehr in unserer Hand. Aber manchmal können aus Funken sogar wärmende Öfen werden.

Dahinter und Dazwischen

Immer geht es um das Unsichtbare, um das Wesentliche unserer Welt. Wenn wir unsere Augen geschlossen haben und der weite Raum unseres Inneren sich uns öffnet, bekommen wir ein Gespür für das Dahinter und Dazwischen des Lebens. Das Dahinter der Dinge, das, was sich nicht fassen lässt, ist immer präsent.

Im Garten eines Bildungshauses in Passau befindet sich eine Skulptur, die aus den Reststücken eines Osterfeuerkreuzes angefertigt wurde. Dort, wo die beiden Balken des Kreuzes sich einst trafen, ist das Holz verbrannt. Die Balken werden deshalb von einem Eisenring zusammengehalten, der Kreuzungspunkt weist ins Leere. Nichts ist da und doch gerade deswegen alles.

Normalerweise fällt es mir schwer, mit Jesus, dem Gekreuzigten, in Kontakt zu treten, vielleicht, weil er zu sehr Mensch ist und ich das Leiden, das ich auch in meinem Leben spüre, nicht auch noch sehen will. In diesem leeren Kreuz ist er aber für mich auferstanden. Plötzlich ist er greifbar für mich, gerade weil er nicht mehr da zu sein scheint und trotzdem mehr von ihm geblieben ist. Das Dahinterliegende ist sichtbar geworden – das Tragende, das Wesentliche, das Allumfassende.

Ich brauche als Mensch immer etwas, das mich hält und umfängt. Als Mensch werde ich in eine Welt geworfen, die aus Verbindung und Beziehung besteht. Der Einzelne ist nicht überlebensfähig ohne Luft, Nahrung, Wasser. Ohne den Rahmen, den uns die Erde bietet, können wir nicht existieren. Aber Halt geben uns auch die anderen Menschen, vielleicht gerade dann, wenn wir uns in vermeintlicher Beziehungslosigkeit auf sie beziehen. Es können die Menschen sein, die uns am meisten emotional berühren, die wir lieben oder hassen, oder beides zur gleichen Zeit.

Auf einer Bank sitzend, die Augen geschlossen, versuche ich mich und den Raum, der mich umgibt, zu erfassen. Wo genau befinde ich mich in diesem Raum? Und wo befindet sich der andere, der mit mir auf der Bank sitzt? Welcher Raum ist zwischen uns und welche Qualität hat dieser Raum zwischen uns, der mehr ist als Luft? Was sagt der Raum zwischen mir und einem anderen Menschen über unsere Beziehung aus? Ist das Dazwischen dicht und vertrauensvoll oder flirrt die Energie so zwischen uns, dass ich der Situation und der Person am liebsten ausweichen möchte?

Wenn ich die Augen wieder öffne, nehme ich das Bewusstsein dieses Raumes mit. Mit raumbewusstem Blick schaue ich auf den Menschen, der mit mir auf der Bank sitzt. Ganz neu erscheint das, was zwischen uns ist. Ich nehme die Distanz wahr, die da zwischen mir und dem anderen Menschen ist, aber auch die fühlbare Nähe, die den Raum zwischen uns ausfüllt. Aber noch etwas ist da ...

Spirituell leben heißt, sich bewusst in den gegenwärtigen Raum zu stellen. Immer wieder. Auch wenn die Bezogenheit verloren geht. Es sind der Glaube, das Wissen und das Bedürfnis, sich in diesem Raum, der hinter dem Sichtbaren liegt, zu verorten. Ich bin nie alleine. Dies zu spüren und sich fest darauf zu beziehen, besonders auch im Alltagsleben, ist spirituelle Verankerung. Mir ist es wichtig, diese Heimat zu haben. Dort bin ich immer aufgehoben und dorthin kehre ich stets zurück. Das Gute daran ist: Heimat ist mir so allerorten.

In Bewegung bleiben

~ AUFBRUCH II ~

Der Herr segne dich und behüte dich;
Er zeige dir sein Angesicht und sei dir gnädig;
Er wende sein Angesicht zu dir hin und gebe dir Frieden.

Franziskus von Assisi,
Segen für Bruder Leo

Das Pilgern hat in den meisten religiösen Traditionen eine große spirituelle und geschichtliche Bedeutung. Das Spektrum spiritueller Wanderschaft reicht von den Pilgern, die sich zu den christlichen Wüstenvätern aufmachten, bis hin zu den buddhistischen Pilgern, die auf Knien heilige Berge umrunden. Der Unterschied zwischen einer Wanderreise und dem Pilgern liegt dabei in der Bezogenheit. Letztlich gehe ich vielleicht durch dieselbe Landschaft, spüre denselben Windhauch, rieche dieselben Gräser, dennoch ist es der geistige Hintergrund, der den Unterschied macht. Es ist das Gehen in der bewussten Bezogenheit auf etwas Höheres: auf Gott. Es ist das Wissen, dass wir nicht alleine gehen, sondern dass Gott immer neben uns geht.

Pilgern kann eine Art Synonym für unser Leben sein. Auf einer Pilgerreise suche ich bewusst die Einfachheit, indem ich zu Fuß gehe, möglichst wenig Gepäck mitnehme und mich auch bei den Unterkünften an das anpasse, was ich jeweils vorfinde. Ein Pilger, der über das Essen oder über das harte Bett mäkelt, dessen Pilgerseele ist noch nicht gereift. Nicht, dass das Pilgern fatalistisch macht, vielmehr geht es um die Bereitschaft, das Leben so anzunehmen, wie es sich gerade zeigt – ohne viel an dem, wie es sich präsentiert, zu verändern.

Dies ist eine gute Übung, die uns auch Früchte im Alltag bringen kann. Das tägliche Leben dreht sich ja oft gerade darum, einzugreifen, zu verändern, zu beeinflussen. Das verlangt Organisation und Gestaltung. Beim Pilgern kann ich wieder einfach werden. Ich schnüre morgens meine Schuhe, packe den Rucksack auf meine Schultern und ziehe los. Das Ziel ist vorgegeben, also brauche ich mir darum keinen Kopf zu machen. Gute Pilgerwege sind meist durchgängig beschildert, sodass meine Aufmerksamkeit auch nur bedingt auf die Wegsuche ausgerichtet sein muss. Stattdessen bleibt mehr Zeit für das Leben an sich – für das Atmen, Gehen, Essen, Ruhen, Wahrnehmen.

Die Seele wird weit mit jedem Schritt. Die frische Luft reinigt unsere Lungen und die Bewegung massiert unseren Leib. Schmerzen tauchen im Körper und am Herzen auf und wir können sie wahrnehmen. Begegnungen werden zu Impulsen, unser eigenes Leben zu überdenken. Gott nimmt uns an der Hand und vielleicht können wir seine Gegenwart zum ersten Mal spüren.

Nach Urlaubsreisen stellt sich bei vielen Menschen häufig eine gewisse Enttäuschung ein. Diese zwei, drei oder vielleicht auch vier Wochen Urlaub im Jahr sollen der Höhepunkt des Jahres werden. Hier soll nun all das geschehen, was im alltäglichen Leben keinen oder wenig Platz findet: Ruhe, Muße, Entspannung, Liebe und Zuwendung. Die Erwartungen an die Mitreisenden und an uns selbst sind hoch und können vielfach nicht eingelöst werden. Das Hotel hat vielleicht Macken, der Partner erwacht nur kurzzeitig aus seiner Liebeslethargie und die Kinder sind im Urlaub genauso anstrengend wie zu Hause. Charles Darwin hat einmal über seine Reisen gesagt: »Die besten Reisen beginnen nach der Rückkehr.« In der Erinnerung färbt sich das Gewesene in leuchtende Farben, und der Rückblick schiebt all das zur Seite, was nicht unseren Wünschen entsprach.

Auch eine Pilgerreise kann erst nach der Rückkehr beginnen und auch erst dann zum Besten werden. Dann nämlich, wenn sich Gottes Gnade auf unser Leben auszuwirken beginnt. Wenn Beziehungen und Dinge leichter werden, wenn wir selbst uns leichternehmen können und zwischen unseren Gedanken ein wenig frischer Wind durchziehen kann.

Das Pilgern kann eine Einübung in die Lebenspraxis sein. Im Eigentlichen ist Pilgern schon eine spirituelle Praxis. Die Tage sind auf Gott ausgerichtet und das Gehen erfolgt in der Begleitung des Göttlichen. Gott geht immer mit. Wie im Alltag ergeben sich auch beim Pilgern Situationen, denen wir uns stellen müssen. Nur in Andacht und Wohlgefühl zu pilgern, ist auf längeren Strecken kaum möglich. Das wäre auch nicht sinnvoll. Vielmehr geht es doch darum, diese Gleichzeitigkeit von Schönem und Anstrengendem auszuhalten.

Natürlich will niemand einen Pilgerweg gehen, der nur aus Qual und Strapazen besteht. Obwohl es auch das geben kann. Auf Pilgerwegen trifft man eine große Anzahl von Menschen, die sich voller Mühen und unter zum Teil beträchtlichen Schmerzen zu ihrem Ziel schleppen. Alle Schwachpunkte – sei es eine schlechte Ausrüstung oder ein geschwächter Körper –, aber auch die Eigenheiten der eigenen Persönlichkeit kommen nach einigen Tagen ständiger Belastung an die Oberfläche und können uns Zeichen geben, wo es vielleicht in unserem Leben hakt.

Bei manchen ist der Rucksack viel zu schwer gepackt und sie müssen sich von überflüssigem Ballast trennen. Das ist zwar an sich keine besondere Herausforderung, in der konkreten Situation jedoch kann der Einzelne lange damit beschäftigt sein, zu entscheiden, was bleiben soll, was nach Hause geschickt oder liegen gelassen werden kann. Möglicherweise kann er sich auch gar nicht von der Schwere des eigenen Rucksacks trennen.

Auf einer meiner Pilgerwanderungen musste ich mir neue Wanderschuhe kaufen, da meine alten so abgelaufen waren, dass sie über keinerlei Dämpfung der Sohle mehr verfügten. Nachdem ich ein paar Tage mit dem prall gefüllten Rucksack auf dem Rücken marschiert war, meldeten sich meine Hacken heftig. Bis zu diesem Zeitpunkt wusste ich noch nicht einmal, dass ich Hacken besitze. Die Schmerzen in meinen Fersen aber nahmen beständig zu, und bevor ich mir meine »Hacken weiter ablief«, entschied ich mich, ein Sportgeschäft aufzusuchen und meine alten Schuhe gegen neue einzutauschen.

Man sollte meinen, ich hätte nun meine alten Schuhe in die nächstbeste Tonne geworfen – was ich aber nicht tat. Ich redete mir stattdessen einige Gründe ein, warum ich sie noch ein paar Tage mit mir herumtragen müsse. Ein sehr sinnfälliger Grund war, dass, sollten die neuen Schuhe noch mehr Schmerzen als die alten bereiten, ich sie ja jederzeit wieder wechseln könne. Ein anderer Grund war, dass ich spürte, wie ich emotional an diesen Stiefeln hing, hatten sie mich doch auf vielen Touren begleitet.

Nach ein paar Tagen und vielen Schritten in den neuen Schuhen und mit einem immer noch zu schwer beladenen Rucksack, entschied ich mich, die alten Wanderschuhe endgültig wegzuwerfen. Bevor ich dies aber tat, entfernte ich die unansehnlichen Schnürsenkel, um sie mitzunehmen. Ich wollte sie am Ankunftsort verbrennen. So hatte ich zumindest das Gefühl, die alten Stiefel wären den Weg doch bis zum Ende gegangen.

Andere Pilger ignorieren erste Warnzeichen des Körpers und schnüren die Schuhe einfach noch fester, damit sie auf ihrem Weg nicht aufgehalten werden und rechtzeitig an ihr Ziel kommen. Das führt bei den meisten von ihnen allerdings zu noch mehr Schmerzen und dann auch zum Abbruch der Pilgerwanderung, weil der Körper vehement zu streiken beginnt.

Wieder andere verlieren Habseligkeiten auf dem Weg, verlieren vielleicht sogar den Weg und verlaufen sich. Dann brauchen sie viel länger als geplant, finden sich im Nirgendwo ohne Beschilderung wieder und können in ihrem Kopf all die Selbstvorwürfe, aber auch die Schuldzuweisungen an andere wiederholen, die sie erfahrungsgemäß aus ihrem Alltag kennen. Das Gute an solch einer Situation beim Pilgern kann sein, dass einem aufleuchtet, wie wenig hilfreich solch ein Verhalten für die Bewältigung des eigentlichen Problems ist.

Fast immer kehrt ja sowieso nach einer Zeit des Ärgerns und des Fluchens über den Weg, die schlechte Wegweisung, die anderen Pilger und über einen selbst Ruhe ein. Dann sind Besinnung und ein ruhiges, reflektierendes Nachdenken möglich. Idealerweise kann man beginnen, über sich selbst zu lächeln. Was für ein Dummkopf man doch manchmal ist!

Heimwärts

Wir alle haben tief in uns eine Sehnsucht nach wahrer Heimat. Wir sehnen uns nach einem Ort in uns, an dem wir so sein dürfen, wie wir sind, an dem wir einfach da sein dürfen, ohne Wenn und Aber. Heimat bedeutet, die Schattenseiten gesehen, aber damit Frieden geschlossen zu haben, die freudvollen Erlebnisse genauso wie die traurigen erleben zu können, jede Träne zu weinen, jedes Lachen zu lachen. Ich bin verbunden mit allem, was lebt, bin geborgen in der Welt und in Gott. Ich habe ein offenes Herz behalten und einen wachen Verstand. Nichts tun müssen, aber alles tun können – das ist Heimat.

Heimat ist dort, wo das Herz schlägt, sagt man. Daher ist so wichtig, wofür unser Herz steht und woran wir es hängen. Auch wenn wir von Materie umgeben sind, ist das Ur-eigentliche das Transzendente in der Welt. Wenn wir anfangen, diese andere Dimension in unserem Leben zu sehen, dann können wir vielleicht mit Katharina von Siena sagen: »Je mehr ich dich finde, desto mehr suche ich dich.«

In diesen Orten der anderen Dimension wohnt Gott. Auf sie trifft zu, was sich im Alten Testament im Buch Exodus findet: »Leg deine Schuhe ab, denn der Ort, wo du stehst, ist heiliger Boden« (Ex 3,5).

Heiligkeit ist stets präsent, aber es gibt Orte, an denen, und Zeiten, in denen wir verstärkt unsere Beziehung zum Göttlichen wahrnehmen. Indem wir uns öffnen, werden wir sensibel für die feinen Schwingungen des Transzendenten. Wir treten aus dem Profanen heraus und in das Heilige ein. Das muss nicht bedeuten, von etwas wegzugehen oder in etwas einzutreten. Vielmehr ist es ein innerer Wandel, der sich vollzieht. So, als wäre unsere Wahrnehmung plötzlich tiefer, feiner, dichter. Ein Vorhang hebt sich, der auf uns zu liegen schien.

Der religiöse Mensch ist immer auf der Suche nach dem Heiligen, das er erfahren will und mit dem er sich verbinden möchte. Das war immer schon so. Und es wird immer wieder Menschen geben, denen das Äußere nicht genug ist. Sie machen sich auf die Suche und auf den Weg, dessen Ziel Gott ist. Sie wollen dem Göttlichen folgen, indem sie versuchen, es nachzuahmen. Das wird nie ganz gelingen und bleibt immer auch unvollkommen. Wir können Heimat entdecken, doch wir müssen sie stets neu finden.

Mit jedem neuen Finden kann es uns mehr gelingen, Gott zu lieben. Und darum dreht sich alles. Indem ich Gott mehr und mehr liebe, werde ich selbst zum Resonanzboden für die göttliche Liebe. Dann verschwimmen die Grenzen zwischen meiner Gottesliebe und der Liebe Gottes, die ich empfange. In dieser Liebe liegt die Heimat, nach der sich so viele Menschen sehnen, und sie erlöst uns aus den inneren Höllen, denen wir ausgesetzt sein können.

Dann kann ich meine Schuhe ablegen, mit bloßen Füßen den Boden betreten und dort sein, wo Gott schon immer auf mich wartet.

In Bewegung bleiben

Im eigenen Leben in Bewegung zu bleiben bedeutet auch, unentwegt nach den Spuren Gottes Ausschau zu halten und zu sehen, wie er in meinem Leben wirkt. Samen, die nun gesetzt sind, kann ich dann hegen und pflegen, sodass das noch junge Bäumchen eine Chance zu überleben hat.

Erneut geht es um die eigene Ausrichtung. Fehlt eine Ausrichtung auf Gott, bleibt er unerkannt. Spirituelle Übung heißt vor allem, dass wir unsere Wahrnehmungsfähigkeit auf Gott hin einüben. Das ist wie beim Klavierspielen: Die stetige Praxis ist das Entscheidende. Jemand, der sich sehr intensiv mit Malerei auseinandergesetzt hat, wird auf einem Bild in der Regel viel mehr wahrnehmen können, als es ein Ungeschulter kann.

Spirituelles Leben ist ein Leben des ständigen Übens. In der Tradition des Zen ist immer wieder von Meistern die Rede, die 20 Jahre meditierten, um Erleuchtung zu erlangen, und die danach noch einmal 20 Jahre lang zurückgezogen übten, um die Erfahrung zu verwirklichen und zu vertiefen. Es gibt kein Ende der Übung und der Praxis. Der spirituelle Weg ist diese ständige Rückbesinnung auf das Werden und auf das nie enden wollende Fertigwerden vor Gott. Wir wollen Gott ähnlich werden, werden es aber letztendlich nie sein. Es kann Annäherungen geben, und im besten Fall können wir im Leben vieles heil machen und nach den göttlichen Geboten leben, aber es werden immer nur Annäherungen bleiben. Das folgende kleine Gedicht habe ich geschrieben, um meinem Wunsch, in Bewegung zu bleiben, Ausdruck zu verleihen:

Unentwegt in Bewegung bleiben
Immer wieder das so Nahe
Aber auch so Unfassbare suchen
Damit es aufleuchten kann
In einem Staubkorn
Während du den Boden wischst.

Unentwegt in Bewegung

Wie hat es doch Teresa von Avila so treffend beschrieben: »Wer nicht wächst, schrumpft ein!« Die Entwicklung bleibt stehen und das Herz schrumpft ein, zieht sich zusammen. Auf eine besondere Weise ist die Aufforderung »Werdet wie die Kinder« auch eine Rückbesinnung auf die weite Öffnung des Herzens, wie sie uns als Kinder zu eigen war. Mit den Erfahrungen des Erwachsenwerdens zieht sich unser Herz immer mehr zusammen, manchmal sogar so sehr, dass kaum ein anderer Mensch darin Platz findet – vielleicht nicht einmal mehr man selbst. Dann ist das Herz hart und der Mensch wie versteinert. In vielen Augen sind tote Herzen zu sehen.

Gelebte Spiritualität muss heißen, dem Herzen der Liebe und der Fürsorge wieder Atem einzuhauchen – so viel, dass es wie ein Ballon an Größe gewinnt. Dieser Raum muss für andere Menschen und nicht für die Liebe, die sich auf das Auto, Hobbys oder auf Haustiere bezieht, genutzt werden.

Mehr als alles

Das Pilgern ist ein bewusster Übungsweg, mit dem nicht Machbaren umgehen zu lernen. In unserer heutigen Zeit überwiegt der Glaube an die absolute Gestaltbarkeit des Lebens. So kann man entweder stetig versuchen, mitzutun und mitzugestalten, oder man verzweifelt daran, es – scheinbar als eine oder einer von wenigen – nicht bewerkstelligen zu können. Uns muss dazu nicht einmal ein schweres persönliches Unglück treffen. In wirklichen Notsituationen wird man vom Leben mit aller Wucht auf die eigene Begrenztheit zurückgeworfen.

Es sind meist die kleinen Alltäglichkeiten, die andere anscheinend so mühelos bewältigen, die einem selbst aber immer wieder Selbstzweifel und Ohnmachtsgefühle aufnötigen. Von dem russischen Schriftsteller Anton Tschechow stammt der Satz: »Jeder Idiot kann eine Krise meistern. Es ist der Alltag, der uns fertigmacht.«

Beim Pilgern wird eine Haltung des Annehmens geübt, egal, wo ich mich gerade befinde und wie es mir gerade geht, ob ich müde bin oder der Rucksack allzu schwer auf meinen Schultern lastet. Ich kann lernen, mit offenen Sinnen und offenem Herzen das in mich aufzunehmen, was gerade ist. Auch wenn das eine vermeintliche Errungenschaft östlicher Weisheitstraditionen zu sein scheint, ist es letztlich eine grundlegende spirituelle Haltung, die sich in der Beziehung zu Gott entwickelt. Dadurch, dass ich das annehme, was ist, verbinde ich mich mit dem Gegenwärtigen. Das ist immer auch die Heimstatt Gottes. Das Kämpfen gegen die Umstände hört auf, Friede kehrt ein und Gott kann wirken.

Dieses Annehmen ist der entscheidende Schritt, der Schritt, mit dem Bekehrung geschehen kann. Ich bekehre mich, ich kehre um. Vielleicht gehe ich in eine gänzlich andere Richtung. Wenn das Umkehren nicht von mir selbst aus geschehen ist, sondern Gott mitgewirkt hat, ist das Erstaunen groß, wie leicht an diesem Wendepunkt Änderung geschah. Doch diese Leichtigkeit der Wandlung kann nur geschehen, wenn ich selbst mich dafür bereit gemacht habe oder auch durch Leiden bereit gemacht worden bin. Das Leiden klopft den Menschen weich. Wenn ich mich nicht gegen das, was ist, verhärte, braucht es auch das Leiden nicht. Vielleicht kann man auch das Pilgern an sich als eine Art »Weichmacher« betrachten.

Dieses Unterwegssein in Bezug auf das größere Ganze, das uns alle umgibt, stellt die Geschehnisse des Alltags in einen Rahmen, der es uns möglich macht, sie aus einem anderen Blickwinkel zu betrachten. Wenn ich mich zum Beispiel verlaufe, so ist das nicht nur das Ergebnis einer mangelhaften Wegbeschilderung – was es natürlich auch sein kann –, sondern es gibt mir auch die Möglichkeit, zu betrachten, was diese Verirrung mit meiner jetzigen Situation und mit meinem Leben zu tun hat. Vielleicht erkenne ich, dass mir das selten passiert, und ich kann mich an dem Gelingen meines Lebens in diesem Bereich erfreuen. Möglicherweise aber sehe ich zum ersten, aber eventuell auch zum wiederholten Male, dass ich mich immer wieder verirre, und ich kann mich fragen: »Warum ist das so?«

Beim Pilgern geht es um diese Bereitschaft, mich beim Gehen auf die innere Wahrnehmung einzulassen und das, was mir passiert, im Licht der Einsicht zu prüfen. Dann besteht die Chance, mit jedem Schritt mehr bei Gott anzukommen. Auf dem Weg zu Gott finde ich immer mehr auch zu mir selbst und lerne dabei, nicht nur bei Gott, sondern auch bei mir daheim zu sein. Dann finde ich meine Heimat, die unabhängig davon ist, wo ich mich gerade aufhalte.

Die jüdischstämmige Dichterin Nelly Sachs hat in Anbetracht ihres Lebens und der Welt gesagt, dass es »doch mehr als alles geben« müsse. Es muss etwas geben, das über uns und unsere Alltäglichkeit hinausreicht. Wenn wir uns auf Pilgerschaft begeben, werden wir es womöglich finden.

Endlich ankommen

Ankommen heißt auch, sich offen und berührbar für das Gewohnte und das Neue zu machen. Das Gewohnte ist das, was wir verlassen haben, das, was wir kennen, schätzen und vielleicht auch ablehnen. Mit dem Neuen verhält es sich ähnlich. Manches davon sehnen wir herbei und manch anderes trifft auf unsere Befürchtungen. Nach einer Reise wieder zu Hause anzukommen, ist wie ein kleines Gesamtbild unseres Lebens.

Wir können die Ankunft nach einer Reise einmal unter diesem Blickwinkel betrachten. Wie gehe ich mit dem um, was ich bei der Rückkehr an Gutem verlassen habe, und wie mit dem, was mir schon lange nicht mehr behagt? Ehre ich das Gute und löse mich von dem Schlechten oder mache ich es vielleicht genau umgekehrt? Wenn ich das Schlechte ehre, gebe ich ihm Raum und beschäftige mich mit all dem, was mich stört. Dadurch vertiefe ich es in meinem Bewusstsein und somit auch in meinem Leben. Wenn ich das Gute, das ich nun neu wiederfinde, anerkenne, beziehe ich mich auf das Positive in meinem Leben und bin dankbar. Dankbarkeit ist eine wunderbare Methode, mehr vom Gleichen zu erhalten. Ich gebe dem, was mir guttut und was ich für mich als wichtig erachte, Platz und Beachtung.

Es ist die Haltung des Ankommens, die mir zeigen kann, wie ich mit meinem Leben umgehe. Ich kann voller Befürchtungen und ängstlich sein oder ich bin dankbar für das Reisen und die Rückkehr. Oder ich bin entscheidungslos gefangen zwischen dem Hier und Jetzt und meinen Träumen. Es gilt, sich ein Zuhause zu schaffen, im Fremden wie im Vertrauten. Es geht darum, präsent im Hier und Jetzt zu sein, sich stets dessen gewahr zu sein, was gerade ist.

Das Pilgern ist die Pflicht, der Alltag ist die Kür.

Allmächtiger, heiligster, höchster und oberster Gott,
du alles Gut, höchstes Gut,
ganzes Gut, der du allein gut bist!
Bringen wir dir alles Lob, allen Ruhm, allen Dank,
alle Ehre, allen Segen und alles Gute.
Es werde, es werde! Amen.

Lobgebet des Franziskus

HINWEISE ZUM FRANZISKUSWEG

Der Franziskusweg ist ein 496 Kilometer langer Pilgerweg, der sich von La Verna in der Toskana über Assisi in Umbrien bis nach Rom erstreckt. Für die gesamte Strecke benötigt man, je nach eigener Kondition und Zielsetzung, ungefähr vier Wochen.

Im Rieti-Tal, das ungefähr 80 Kilometer nördlich von Rom liegt, befindet sich ein Teilstück des Franziskuswegs. Die Strecke läuft über vier, mit Franziskus historisch verbundene Klöster, die auch heute noch viel von ihrer Tiefe und Kraft erhalten haben. Dieser Abschnitt im Rieti-Tal ist der ursprüngliche Teil des Franziskuswegs, der von der Italienerin Angela Maria Seracchioli begründet wurde, nachdem sie den Jakobsweg in Spanien gegangen war.

Noch ist der Weg nicht allzu stark begangen, was für denjenigen, der die Einsamkeit sucht, eine Quelle der Freude sein kann. Jedoch ist auch die Infrastruktur des Weges noch nicht stark entwickelt und ist keinesfalls mit der des Jakobswegs in Spanien zu vergleichen.

Von den in der Literaturliste aufgeführten Pilgerführern kann ich besonders den von Angela Maria Seracchioli empfehlen, auf die die Idee des italienischen Franziskuswegs zurückgeht. Klaus Gasperi, von dem die deutsche Übersetzung stammt, hat die italienische Ausgabe sehr gut überarbeitet und die Wegetappen kürzer gefasst, um den Pilgernden mehr Zeit und Raum für Besichtigung und Erholung zu geben.

Seit Kurzem gibt es auch einen Pilgerausweis, der von der Franziskanerprovinz der Minoriten in Umbrien herausgegeben wird. Nähere Informationen hierzu sowie zu der im Buch vorgestellten Teiletappe von Poggio Bustone nach Greccio finden sich im Internet unter:

www.camminodifrancesco.it

oder auf meiner Homepage: www.mira-czutka.de.

Wenn man den Weg von Greccio nach Poggio Bustone geht, wie er bei Angela Maria Seracchioli und Klaus Gasperi beschrieben ist, hat man die Chance, im Klosterladen von Greccio einen sehr guten und reich bebilderten Führer der Klöster des Rieti-Tals zu erwerben. Wenn man Glück hat, sogar in deutscher Sprache!

In den Hauptreisezeiten Ostern und Ferragosto/Sommerferien empfiehlt es sich dringend, vorzureservieren, falls man in den Klöstern übernachten möchte. Meist sind in dieser Zeit große Pilgergruppen unterwegs, die sich für Übernachtungen angemeldet haben.

Allen, die sich auf den Weg machen, wünsche ich von ganzem Herzen Gottes Segen und den Frieden des Franziskus:

PACE ET BENE!

Frieden und Wohlbefinden!

VERWENDETE UND WEITERFÜHRENDE LITERATUR

Balsekar, Ramesh S. (1994): Erleuchtende Gespräche. Alf Lüchow, Freiburg

Beck, Don; Cowan, Christopher (1995): Spiral dynamics: mastering values, leadership, and change. Blackwell, Cambridge, Massachusetts

Betz, Otto (2008): »Allen Dingen wohnen Funken inne.« In: Geist und Leben, Köln

Brück, Michael von (Hrsg.) (1993): Bhagavad Gita. Kösel, München

Buber, Martin (1955): Die Geschichten des Rabbi Nachman. Fischer, Frankfurt am Main

Buber, Martin (1963): Werke. Dritter Band: Schriften zum Chassidismus. Kösel/L. Schneider, München, Heidelberg

Buber, Martin (2003): Hundert chassidische Geschichten. Manesse, Zürich

Bucher, Anton A. (2007): Psychologie der Spiritualität. Beltz, Weinheim, Basel

Eliade, Mircea (1957): Das Heilige und das Profane. Vom Wesen des Religiösen. Rowohlt, Reinbek bei Hamburg

Feld, Helmut (2007): Franziskus von Assisi. C.H. Beck, München

Franz von Assisi (1979): Fioretti. Gebete. Ordensregeln. Testament. Briefe. Diogenes, Zürich

James, William (1997): Die Vielfalt religiöser Erfahrung. Insel, Frankfurt am Main

Königswieser, Roswitha; Exner, Alexander (2002): Systemische Intervention: Architekturen und Designs für Berater und Veränderungsmanager. Klett-Cotta, Stuttgart

Kuster, Niklaus (2009): Franziskus. Rebell und Heiliger. Herder, Freiburg

Laszlo, Ervin (1997): Kosmische Kreativität: Neue Grundlagen einer einheitlichen Wissenschaft von Materie, Geist und Leben. Insel, Frankfurt am Main

Mollison, Bill (1994): Permakultur II. Praktische Anwendungen. Pala, Darmstadt

Nigg, Walter (1990): Vom Geheimnis der Mönche. Diogenes, Zürich

Pera, Pia (2004): Die Früchte der Gelassenheit. Was ein Garten lehren kann. Sanssouci, München

Riehle, Wolfgang (Hrsg.) ([6]1999): Die Wolke des Nichtwissens. Worin die Seele sich mit Gott vereint. Johannes, Einsiedeln, Freiburg

Roodenburg, Kees (2008): Italien: Franziskusweg. Stein, Welver

Scharmer, C. Otto (2007): Theory U. Leading from the Future as it Emerges. SOL, Cambridge, Massachusetts

Schein Ed: The Empathy Walk. Arbeitsunterlage von: Global Presencing Classroom! An Introduction to Theory U. Otto Scharmer am MIT (Massachusetts Institute for Technology). Ein wöchentlicher Online-Kurs von September bis Oktober 2007

Senge, P.; Scharmer C.O.; Jaworski, J.; Flowers B.S. (2005): Presence. Exploring profound change in people, organizations and society. Nicholas Brealey, London

Seracchioli, Angela Maria; Gasperi, Klaus (2007): Der Franziskusweg von La Verna über Gubbio und Assisi bis Rieti. Tyrolia, Innsbruck

Thode, Henry: Franz von Assisi. Leben und Werk. Herausgegeben von Woldemar von Seidlitz. Emil Vollmer, Wiesbaden

Timmermans, Felix (1983): Franziskus. Insel, Frankfurt am Main

Tolle, Eckhart (2003): Jetzt! Die Kraft der Gegenwart. Ein Leitfaden zum spirituellen Erwachen. Kamphausen, Bielefeld

Tompkins, Peter; Bird, Christopher (1977): Das geheime Leben der Pflanzen. Fischer, Frankfurt am Main

Wilber, Ken (1991): Wege zum Selbst. Östliche und westliche Ansätze zu persönlichem Wachstum. Goldmann, München

Wilber, Ken (1984): Halbzeit der Evolution. Der Mensch auf dem Weg vom animalischen zum kosmischen Bewusstsein. Scherz, Bern

Wilber, Ken (1996): Eros, Kosmos, Logos. Krüger, Frankfurt am Main

Wilber, Ken (1996): Mut und Gnade. Goldmann, München

Wilber, Ken (2000): Eine kurze Geschichte des Kosmos. Fischer, Frankfurt am Main

Wilber, Ken (2001): Ganzheitlich handeln. Eine integrale VISION für Wirtschaft; Politik, Wissenschaft und Spiritualität. Arbor, Freiburg

Williams, Rowan ([4]2007): The Poems. Oxford, S. 15 (Die Übersetzung des hier zitierten Gedichts stammt von Mira Czutka unter Verwendung einer Übertragung von Sr. Monica Lawry OSB, in: Geist und Leben, November/Dezember 2008, S. 434)

Zink, Jörg (2008): Entdecken, was uns verbindet. Spirituelle Texte aus allen Religionen der Erde. Kreuz, Stuttgart